K-오픈 이노베이션 101

K-오픈 이노베이션 101

초판 1쇄 발행 2025년 3월 1일

지은이 김준학 / **펴낸이** 배충현 / **펴낸곳** 갈라북스 / **출판등록** 2011년 9월 19일(제395-251002011000260호) / **전화** (031)970-9102 **팩스** (031)970-9103 / **블로그** blog.naver.galabooks / **페이스북** www.facebook.com/bookgala / **이메일** galabooks@naver.com / **ISBN** 979-11-86518-90-8 (03320)

K-OPEN
INNOVATION 101

— 지속가능한 성장의 열쇠 —

K-오픈
이노베이션
101

'기업의 생존 DNA'를 이끌어 낼
개방형 혁신 전략

"부장님, 대기업 신사업담당자는 도대체 어디서, 어떻게 만날 수 있는 건가요?"

"김부장, 우리 팀이랑 협업해서 성과 만들만한 좋은 스타트업 좀 소개해 줄래?"

성장의 고민속에서 하루하루를 보내는 스타트업 대표님들과 자신이 담당하는 사업을 성장시키고자 하는 회사 임원들이 오픈 이노베이션 담당자였던 내게 던져온 질문들이 이 책의 집필 동기가 되었다.

하지만 여전히 망설이고 있었다.

과연 내가 대한민국의 오픈 이노베이션에 대해 과언 내가 논할 자격이 있을까? 스타트업을 창업해 본 경험도 없는 내가 과연 스타트업 생태계를 진정으로 이해하고 있는 걸까? 대부분의 사회생활을 누구나 알만한 대기업에서 보내며 비즈니스 미팅에서 명함 한 장 건네면 소개도 없이 바로 본론으로 들어가곤 했던 내가, 대한민국의 오픈 이노베이션을 잘 담아낼 수 있을까?

망설임 속에서 해답을 찾은 것은 어느 화창한 봄날, 회사 후배와 함께 찾은 K은행의 스타트업 데모데이 행사에서였다. 이 행사에는 전국 각지에서 모인 내로라하는 스타트업들이 참여하고 있었다. 무대 중앙에서는 열정 가득한 스타트업 대표들이 그동안 갈고닦은 실력을 발휘하며 발표를 이어가고 있었고, 행사장 좌석은 벤처캐피탈 심사역, 학생, 언론인, 기업인들로 발 디딜 틈이 없었다.

행사장 한켠에는 대기업의 오픈 이노베이션 부스들이 줄지어 있었고, 그곳에서는 대기업의 담당자와 스타트업 직원들이 서로의 눈빛을 교환하며 새로운 협력의 기회를 모색하고 있었다. 무엇보다 스타트업 참석자들의 눈빛이 더욱 간절하게 느껴졌다.

스타트업과 대기업이 서로 협력하며 앞으로 나아가고자 하는 그 뜨거운 열망이 나를 책상 앞으로 이끌었다.

지난 수년간 회사의 이름을 걸고 오픈 이노베이션 프로그램을 기획하고 실행해 왔다. 스타트업과 회사의 다양한 사업부서 간의 연결고리를 만들어 성과를 창출하기 위해 노력해 왔고, 그 과정에서 스타트업들이 안심하고 성장할 수 있는 입주공간까지 마련하고 운영했다. 이러한 경험을 정리하고 나누는 것이 이 생태계에 속한 누군가에게 작은 도움이 될 수 있다는 생각이 든 것이다.

돌이켜 보면 국내 최대 통신사에서 20여년간 다양한 부서에서 쌓은 경험들이 오픈 이노베이션 업무에 긴요한 자양분이 되었다. 오픈 이노베이션이란 개념조차 생소했던 시절부터 신사업 개발 부서에서 고객과 시장의 트렌드를 조사하고, 사업을 기획하고, 또한 그 사업을 함께 추진할 파트너들을 찾아 다녔었다.

한때는 회사가 투자한 "엔써즈"라는 스타트업의 경영지원실장으로 근무하며 스타트업의 성공과 실패, 그 모든 희로애락을 함께 겪어 보기도 했다. 비록 지금은 그 기업이 사라졌지만, 그때의 경험은 오늘날에도 스타트업의 어려움을 깊이 공감하게 해 준 소중한 시간이었다. 또한 경기창조경제혁신센터에서 여러 분야의 스타트업들에 대한 컨설팅 제공을 통해 사업아이디어 도출부터 비즈니스 모델 수립까지 과정까지 힘을 보태기도 했었다.

이 책은 이러한 경험들에서 시작되었다. 오랜 시간 축적해온 인사이트와 여러 분야에서 만난 사람들과의 이야기를 통해 오픈 이노베이션이 어떻게 이루어지고, 이를 성공적으로 추진하기 위해 필요한 요소가 무엇인지 담아 보았다. 또한 대한민국 오픈 이노베이션 생태계 속에 존재하는 다양한 이해관자계들에 대하여 좀 더 알아가는 기회를 갖고자 한다. 이러한 통찰이 스타트업과 대기업이 지속적으로 성장하는데 보탬이 되기를 바라면서.

첫만남에서부터 이 책을 세상에 나올 수 있도록 힘을 실어 주신 갈라북스 배충현 대표님과 바쁜 와중에도 자신들의 오픈 이노베이션과 관련된 소중한 경험과 통찰을 제공해준 대기업과 스타트업, 투자기업의 오픈 이노베이션 전문가 분들(강석현, 김한중, 양승현, 오원석, 이경준, 이유건, 최크리)께도 감사드린다. 끝으로 막내 아들의 출판을 누구 보다 즐거워하실 어머님과 20여년간 재직한 안정된 직장을 나와 새로운 모험에 나선 가장을 지지해 주는 사랑하는 나의 가족 국희와 윤아에게도 감사함을 전한다.

"혁신 생태계에서 오픈 이노베이션은 아주 중요한 큰 흐름입니다. 국내 경제 생태계에 적합한 오픈 이노베이션 접근법을 잘 정리한 이 책은 중견기업 및 대기업이 스타트업과 협력 구조를 만들 수 있는 실용적인 다양한 팁을 제공하고 있습니다. K-오픈 이노베이션 101은 기업의 혁신 역량을 강화하는 데 기여할 뿐만 아니라, 공공기관이 관련 정책을 수립하는 데에도 큰 도움이 될 것이라고 확신합니다."

_김현우 서울경제진흥원(SBA) 대표

"이 책은 한국의 오픈 이노베이션 생태계를 깊이 이해하고자 하는 모든 이들에게 훌륭한 지침서입니다. 한국 특유의 기업 환경과 문화 속에서, 스타트업과 대기업의 협력을 통해 어떻게 지속 가능한 성장을 추구할 수 있는지에 대한 실질적이고 체계적인 방법론을 제공합니다. 저자가 제시하는 다양한 성공 사례와 구체적인 전략은 급변하는 경영 환경에서 독자들이 오픈 이노베이션을 효과적으로 실행할 수 있도록 돕는 길잡이가 될 것입니다. 특히, 스타트업, 대기업, 정부 및 지원 기관 관계자들이 이 책을 통해 자신의 조직에 맞는 실행 방안을 발견하길 기대합니다."

_박재환 포스코 사외이사(중앙대 교수)

"오픈 이노베이션은 길거리를 걷다가 우연히 떠오른 아이디어를 실행하는 것이 아니라, 서로 다른 이해관계자가 모여 조화를 이루며 학습이 혁신으로 이어지는 과정입니다. 이 책은 저자가 다년간 대기업의 오픈 이노베이션 부서에서 근무하며 스타트업과 함께 혁신의 여정을 만들어낸 경험을 집대성한 결과물입니다. 그래서 더욱 실감 나고, 구체적이며, 실용적입니다. 오픈 이노베이션에 관심이 있다면 이 책은 필독서가 될 것입니다."

_김진영 더인벤션랩 대표(경영학 박사)

"본 서는 기업의 지속 가능한 성장을 고민하는 모든 경영자에게 명확한 방향성과 통찰을 제공합니다. 급변하는 경영 환경에서 새로운 길을 모색하는 기업들에게 실질적 지침이 될 뿐만 아니라, 학술적으로도 깊이 있는 통찰을 제시하며, 국내외 오픈 이노베이션 사례와 이론적 접근을 바탕으로 관련 연구를 심화하고 오픈 이노베이션의 잠재력을 새롭게 탐구할 수 있는 지평을 열어줍니다."

_이일한 벤처창업학회 회장(중앙대 교수)

"한국과 한국 기업은 대내외적으로 큰 어려움에 직면해 있습니다. 이러한 상황에서는 대기업과 스타트업, 지원 기관이 함께 상생할 수 있는 '오픈 이노베이션'만큼 확실한 해답은 없을 것입니다. 이론과 실무를 균형 있게 다룬 이 책은 오픈 이노베이션의 필수적 가치와 성공 전략을 담고 있습니다. 그동안 오픈 이노베이션의 성공 사례가 실리콘밸리 등 미국 중심이었다면, 독자들은 이 책을 통해 한국적 사례와 함께 자신만의 솔루션을 발견할 수 있을 것입니다. 변화의 속도에 적응하고 혁신의 열쇠를 찾고자 하는 모든 실무자를 위한 가장 실질적이고 구체적인 가이드입니다."

_손재권 더밀크 대표

"디지털 커머스 분야의 경험을 바탕으로 볼 때, 기업의 혁신은 이제 외부와의 협력 없이는 불가능합니다. 이론과 실무 중심의 다양한 사례를 담은 'K-오픈이노베이션 101'은 이러한 시대적 요구에 명쾌한 해답을 제시합니다. 실무 경험과 학문적 연구를 기반으로 한 이 책은 스타트업과 대기업 간 협력의 구체적인 방법을 제시하며, 급변하는 비즈니스 환경에서 지속 가능한 성장을 고민하는 모든 기업인에게 추천합니다."

_정순호 LG전자 상무

• 차 례 •

제 1 장
Why 오픈 이노베이션

제 2 장
What 오픈 이노베이션

오픈 이노베이션 전문가 인터뷰

제 **1** 장

Why
오픈 이노베이션

1-1

/

기업의 생존

기술이 발전되고 사회가 진화할수록 기업가에게 '기업의 생존'은 더욱 어려운 과제가 되고 있다. 급속한 기술발전으로 인해 사업 환경이 빠르게 변화하면서, 기업들은 끊임없이 새로운 도전에 직면하고 있다. 과거의 화려한 성공이 미래는 물론이고 오늘의 현상유지조차 보장하지 못하는 냉혹한 현실이다.

끊임없는 혁신 없이는 한순간에 시장에서 도태될 위험이 크다. 우리의 일상에서 그리고 주식시장에서 사라진 수많은 국내외 기업을 떠올려보면 지속기업(Going Concern)으로 오랫동안 존재하는 것이 얼마나 대단한 일인지 실감할 수 있다.

세계적인 컨설팅 기업인 PwC가 전세계 105개국 CEO 4,702명을 대상으로 진행한 조사결과(PwC's 27th Annual Global CEO Survey)에서 현대 경영환경속에서 혁신이 선택이 아닌 필수라는 것을 확인할 수 있다. 글로벌 CEO의 37%만이 1년 후 수익을 확신하고 있었으며 63%는 1년 후 수익을 확신할 수 없다는 입장이었다. 특히 이 조사에서 대한민국 CEO들의 위기감은 다른 국가에 비해 더 높은 것으로 드러났다. 우리나라 CEO의 75%는 자신이 속한 기업이 현 상태대로 운영되면 10년 이상 존속하기 어렵다고 답했다. 이는 글로벌 CEO들 45%의 두배에 달하는 수준이다. 국내 CEO들이야 말로 혁신의 필요성을 누구 보다 잘 인지하고 있는 것이다.

기업의 수명은 시간이 지남에 따라 감소하는 경향을 보인다. 이는 기술변화, 글로벌 경쟁, 소비자 선호 변화 등 다양한 요인에 기인한다. 예를 들어, 1970년대에는 미국 기업의 평균 수명은 67년이었지만, 2010년대에는 15년 수준으로 급감했다. 더더욱 긴장되는 사실은 기업수명이 줄어드는 것이 앞으로 더욱 가속화 될 것이라는 사실이다. 세계경제포럼(WEF)에 따르면 2027년에는 미국 S&P 500 기업의 평균 존속기간은 12년 수준으로 줄어들 전망이라고 한다.

기업수명이 줄어드는 원인은 무엇일까? 핵심원인 중 하나는 변화에 적응하지 못하기 때문이다. 사업환경과 경영패러다임의 변화속도가 빨라지는 지금이야말로 기업의 생존과 성장을 위해 오픈 이노베이션을 전략적으로 활용하는 것이 필요하다. 기업들이 기업외부의 전문성과 기술적 역량을 활용하여 혁신에 집중할수록 시장변화에 더 신속히 대응하고 생존할 수 있는 능력 또한 강화될 수 있다.

● 혁신 부족으로 실패한 기업 사례

과거에 성공을 거두었던 많은 기업들이 '혁신'의 부족으로 인해 시장에서 도태되었다. 대표적인 사례로 코닥(Kodak)을 들 수 있다. 코닥은 필름 카메라 시장을 지배했던 기업으로 전성기인 1976년에는 미국 필름시장의 90%와 카메라시장의 85%를 점유하는 등 해당시장에서 압도적인 존재였다. 그러나 디지털 카메라 기술 등장에 적절히 대응하지 못한 코닥은 혁신에 뒤쳐졌고 결국 2012년에 파산을 선언했다. 코닥의 실패는 기술과 사업환경의 변화속에서 혁신을 이루어내지 못한 기업의 말로를 보여주는 대표적인 사례로 회자 되고 있다.

또 다른 사례로는 블록버스터(Blockbuster)를 들 수 있다. 비디오 대여 전문점인 블록버스터는 2000년대 초반 미국 내에만 9,000개 이상의 지점이 있었으며 전세계적으로는 10만명 이상의 종업원을 가진 거대 기업이었다. 비디오 테이프 대여 산업을 주도하던 블록버스터는 온라인 스트리밍 서비스와 스마트폰의 대중화라는 변화의 물결에 효과적으로 대응하지 못했다. 블록버스터는 넷플릭스(Netflix)와 같은 혁신적인 기업에게 자신들의 시장을 빼앗기고 2010년에 파산 보호 신청을 했다. 이 역시 혁신을 주저하는 기업들에게 경각심을 주는 사례이다

한국에서도 혁신의 부재로 인해 어려움을 겪은 기업들이 있다. 대표적인 예로는 이미 사라진 대우그룹을 들 수 있다. 대우그룹은 자동차와 가전, 중공업, 건설, 무역, 통신 등 다양한 산업 분야에서 활약했다. 1990년 중반에는 매출이 30조원에 육박했으며 32만명의 임직원을

거느린 한국을 대표하는 재벌기업이었다. 그러나 1990년대 외환 위기와 더불어 그룹 차원의 혁신 부족, 무리한 확장 정책 등이 맞물리며 사업이 기울기 시작했다. 또한 무리한 사업 확장 과정에서의 분식회계로 대우그룹은 대한민국 경제 전반을 위기로 내몰았으며 1999년 해체 수순을 밟았다. 대우그룹은 상황이 악화된 후에야 뒤늦게 혁신 활동에 나섰다. 하지만 그 혁신은 내부관리에 초점이 맞춰졌고 그룹의 근본적인 변화와 회생을 이끌어 내지는 못한 채 파산을 맞이하게 되었다. 대우그룹의 몰락은 지금 잘나가는 거대재벌 기업일지라도 한순간에 무너질 수 있다는 것을 일깨워준다.

한국의 소셜 네트워크 서비스(SNS) 시장을 선도했던 싸이월드 (Cyworld) 사례도 있다. 싸이월드는 카이스트 학생들이 재학 중에 진행한 인맥 연결 프로젝트에서 시작된 스타트업이다. 싸이월드는 2003년 SK그룹에 인수되면서 네이트온 메신저와 연동되며 폭발적으로 성장했다. 싸이월드는 당시 대중문화의 아이콘으로 자리 잡으며, 오늘날 카카오톡이나 인스타그램처럼 거의 모든 세대가 사용하는 서비스로 선풍적인 인기를 끌었다. 하지만 싸이월드는 트위터와 페이스북 같은 글로벌 SNS와의 경쟁에 적절히 대응하지 못했고, 모바일로의 환경 변화에 빠르게 적응하지 못했다. PC 기반 서비스를 유지하던 싸이월드는 모바일 서비스 제공 시기를 놓치면서 급격히 사용자를 잃었고, 결국 2010년대 중반에 사실상 서비스가 중단되었다. 싸이월드의 실패는 IT 기술 변화와 고객트렌드 변화에 적응하지 못한 기업이 어떻게 도태될 수 있는지를 보여주는 대표적인 사례다.

혁신 없는 기업의 미래는 정체 또는 소멸뿐이다.

● **2000년대와 2024년의 기업 시가총액 변화**

2000년대 초반과 2024년 현재의 기업 시가총액을 비교해 보면, 많은 기업들이 사라졌거나 그 위상이 크게 변동된 것을 알 수 있다. 2000년대 초반, 세계 시가총액 상위 기업들은 주로 전통적인 제조업과 에너지 기업들이 차지하고 있었다. 미국시장을 그 예로 살펴보면, 제너럴 일렉트릭(General Electric), 엑슨모빌(Exxon Mobil), 시티그룹(Citigroup) 등이 있었다.

하지만 2024년 현재, 시가총액 상위 기업들은 주로 기술 기업들이

[2000년도와 2024년의 미국 시가총액 상위 10개 기업]

2000년	시가총액 순위(억$)	2024년(10월 기준)
Microsoft(6,600)	1위	Apple(35,400)
GE(5,960)	2위	Microsoft(32,000)
Sisco(5,550)	3위	NVIDIA(29,800)
Exxon Mobil(2,860)	4위	Alphabet(20,600)
Intel(2,770)	5위	Amazon(19,200)
Nokia(2,550)	6위	Meta(15,000)
Citigroup(2,470)	7위	Tesla(12,800)
Walmart(2,280)	8위	Berkshire Hathaway
IBM(2,180)	9위	Broadcom
AIG(2,100)	10위	Eli Lilly

출처: 저자 정리

차지하고 있다. 애플(Apple), 마이크로소프트(Microsoft), 아마존(Amazon), 구글(Google)의 모회사 알파벳(Alphabet), 그리고 테슬라(Tesla), 엔비디아(NVIDIA) 등이 그 예이다. 20년간 시장 전체의 시가총액은 약 4배에 달할 정도로 성장하였지만 자리를 유지한 기업은 마이크로소프트 뿐이다. 이러한 변화는 기술 혁신이 기업의 생존과 성장을 결정짓는 중요한 요소임을 보여준다.

이 같은 추세는 전통적인 제조업과 에너지 산업이 기술 혁신에 적응하지 못하면 도태될 수 있음을 경고하고 있다. 반면, 지속적인 혁신을 통해 기술을 선도하는 기업들은 그 가치가 폭발적으로 증가하며 시장의 주도권을 장악하고 있다. 이들은 데이터 활용, 인공지능, 자동화 등 신기술을 도입해 새로운 시장을 개척하고 있으며, 이를 통해 독보적인 성장을 이루고 있다. 따라서 기업의 생존과 성장은 과거의 성취에 안주하는 대신, 끊임없는 혁신과 변화를 수용하는 자세에 달려 있다고 봐도 과언이 아닐 것이다.

● 오픈 이노베이션과 기업의 생존

오픈 이노베이션은 기업이 외부 지식과 전문성을 활용하여 혁신을 가속화할 수 있는 강력한 도구로 자리 잡고 있다. 이를 통해 기업은 내부 자원에만 의존하지 않고, 기업 외부에 존재하는 새로운 아이디어와 기술, 그리고 다양한 전문성에 유연하게 접근할 수 있다. 이는 기업 성장뿐만 아니라 생존에까지 직결되는 중요한 요소로 작용한다.

오늘날의 시장은 빠르게 변화하고 있으며, 이러한 변화에 발맞추지 못하는 기업은 경쟁에서 도태될 위험에 처해 있다. 오픈 이노베이션은 기업이 혁신 활동에 능동적으로 참여하게 하며, 시장 변화에 더욱 민첩하게 대응할 수 있도록 도와준다. 오픈 이노베이션을 통해 기업은 경쟁력을 유지하고, 빠르게 변하는 시장 환경에서 꾸준히 그 입지를 공고히 할 수 있게 된다.

뿐만 아니라, 오픈 이노베이션은 자원을 효율적으로 관리하고 비용을 절감하는 데에도 기여한다. 외부와의 협력은 기업이 자체적으로 감당하기 어려운 연구 개발 비용을 줄이고, 동시에 더 넓은 네트워크를 통해 혁신에 필요한 인사이트를 빠르게 확보할 수 있는 기회를 제공한다. 그 결과 기업은 효율적으로 혁신에 투자할 수 있는 자원을 마련하게 되며, 이는 결국 새로운 수익원의 창출로 이어진다.

결과적으로, 오픈 이노베이션은 단순한 혁신 전략을 넘어, 지속 가능한 성장을 리딩하는 경영전략으로 자리매김하고 있다. 빠르게 사업 환경이 변화하는 오늘날, 외부 파트너와의 긴밀한 협력으로 속도감 있는 혁신을 추진하는 기업만이 살아남고 성장할 수 있다.

1-2

혁신과 생존

    혁신은 스타트업부터 대규모 글로벌 기업에 이르기까지 모든 기업에게 필수적이다. 특히, 이미 자신의 사업 분야에서 리더십을 확보한 기업일수록 혁신의 중요성은 더욱 커진다. 기업이 선두권에 오르게되면, 그 위치에 오르기 위해 사용했던 전략들만으로는 시장에서의 리더십을 지속하기 어렵다. 자신이 속한 사업 도메인 내에서 리딩기업으로 지속적으로 그 자리를 지키기 위해서는 강력한 혁신이 필수적이다. '오픈 이노베이션' 개념을 제안한 헨리 체스브로 교수는 '혁신'은 선도기업이 시장을 주도하고 경쟁우위를 공고히 하는데 있어 매우 효과적인 전략이라고 강조하였다.

● 기업 생존을 위한 혁신의 필요성

변화하는 시장 환경과 기술 발전에 적응하지 못하는 기업은 필연적으로 도태될 수밖에 없다. 반면, 혁신을 통해 새로운 시장을 개척하고 기술 발전을 선도하는 기업들은 지속적인 성장을 이어갈 수 있다. 스티브 잡스(Steve Jobs)는 "혁신이 리더와 추종자를 가른다(Innovation distinguishes between a leader and a follower)"라는 말로 혁신을 강조했다. 혁신이야말로 기업이 선두 자리에 설 수 있는 핵심 요소인 것이다.

따라서 기업은 단기적인 성과에만 집중하기보다는, 성공적인 혁신을 위하여 지속적이고 과감한 경영활동을 추진해야 한다. 이를 위해 내부의 혁신뿐만 아니라 외부와의 협력, 즉 오픈 이노베이션을 적극적으로 도입하는 것이 중요하다. 외부의 혁신적 아이디어와 기술을 채택함으로써 기업은 변화에 더욱 신속하고 효과적으로 대응할 수 있기 때문이다.

그러나 현실적으로 대부분의 사업부서들은 현재의 매출이나 가까운 미래의 실적에만 초점을 맞추는 보수적인 태도를 취하는 경우가 많다. 별도의 미션을 부여받지 않는 이상 부서장 입장에서는 혁신활동을 추진하며 불필요한 리스크를 감수할 필요가 없기 때문이다. 회사의 장기적 성장이나 구성원의 역량강화 보다는 눈앞에 놓인 자신의 입지를 더 중요하게 여길 수 밖에 없다. 이러한 근시안적 사고방식은 기업의 경쟁력을 약화시키는 주요 원인이 된다. 역설적으로 기업은 가장 보수적으로 행동하기 쉬운 위기 속에서 혁신으로 활로를 모색하기도 한다. 금융위기나 코로나 팬데믹 같은 상황 속에서 실시간 온라인 서비스(Zoom)나 배송서비스와 같은 플랫폼노동이 급성장한 것처럼 말이다. 혁신은 사치가 아니다. 혁신은 생존을 위한 열쇠다.

● 대한민국 경제와 혁신

대한민국의 경제성장률의 추이를 살펴보면, 경제성장이 얼마나 둔화되었는지를 명확히 알 수 있다.

[2000년도 이후 경제성장률]

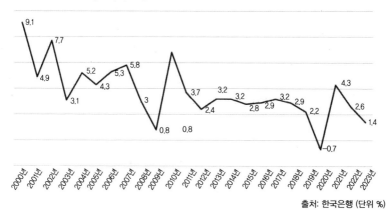

출처: 한국은행 (단위 %)

지난 30년간 대한민국은 1997년 외환위기와 2020년 코로나 팬데믹을 겪으며 급격한 성장 둔화를 경험했으며, 전체적으로 성장률이 지속적으로 하락하는 추세를 보이고 있다. 2000년 경제성장률은 9.1%였으나, 2023년에는 1.4%로 줄어들었다. 이는 성장률이 6분의 1 수준으로 감소했음을 의미하며, 특별한 변화가 없는 한 저성장 기조가 당분간 저성장 기조가 유지될 것으로 보인다. 우리 경제성장이 침체되는 사이에 이웃나라 일본은 경제회복의 징후가 뚜렷하다. IMF 세계경제 전망 보고서에서는 2023년 경제성장률이 한국이 1.4%, 일본이 1.9%로 한국이 25년만에 일본 보다 낮은 경제성장율을 기록했다고 한다. 같은해에 미국은 2.4%, 중국은 5.2% 성장한 것을 감안할 때 주요 국가들 가운데 우리나라의 성장침체가 두드러진 것이다.

● 무엇이 문제일까?

첨단기술인 인공지능(AI), 자율주행, 로봇 등이 빠르게 발전하고 있음에도 불구하고, 경제성장률은 기대만큼 개선되지 못하고 있다. 이 현상은 기술 발전이 경제적 번영을 저절로 보장하지 않는다는 '기술발전의 역설(Paradox of Technological Progress)'을 보여준다. 기술은 비약적으로 발전하고 있지만, 그 결과가 경제 전반에 실질적인 성장을 촉발하지 않는 것이다. 이는 기술의 도입과 활용이 생산성 향상으로 이어지지 않는 구조적 문제, 노동시장 변화, 인구구조의 고령화 등 다양한 요인이 복합적으로 작용하고 있음을 시사한다.

따라서, 단순한 기술 발전만으로는 경제 성장의 돌파구를 마련할 수 없으며, 이를 뒷받침할 수 있는 정책의 혁신과 기업들의 새로운 비즈니스 모델 도입이 필요하다. 더 나아가, 기술 혁신이 실질적인 경제성장을 견인하려면 기술과 경제 전반을 연결하는 포괄적인 시스템 구축이 필요하다.

최근 바이오 기업 등을 중심으로 국내외 많은 기업들이 다양한 성공을 거두고 있는 오픈 이노베이션이 주목받고 있다. 이러한 성공을 확대하고 지속하기 위해서는 공공의 적극적인 지원이 요구된다. 혁신과 협업에는 사회적 인프라가 필요하다. 공공은 혁신 인프라를 구축하고 민간 영역에서 수익성에 대한 우려로 착수하기를 꺼리는 기초연구분야와 같은 섹터에서 역할을 강화해야 한다.

영국의 시사 주간지 '이코노미스트'에서는 2022년 미국, 영국, 독일의 500개 기업의 임원들을 대상으로 오픈 이노베이션에 대한 조사를 진행하여 '오픈 이노베이션 바로미터(The Open Innovation Barometer)'를 발표했다. 조사에 따르면 조사대상 기업의 95%가 오픈 이노베이션을 도입하고 있으며, 특히 91%의 기업은 오픈 이노베이션 관련 예산을 확대하고 있다고 한다. 주요 선진국들도 오픈 이노베이션을 강화하고 있는 만큼 우리 정부와 기업들도 오픈 이노베이션에 대한 지원과 참여를 강화해야 할 것이다.

1-3

변화의 속도

　최첨단 신기술이 정신 없이 쏟아지고 있다. 웬만한 혁신가가 아니면 따라가기 버거울 정도로 변화의 속도가 빠르다. 디지털 트랜스포메이션(DX)이란 용어가 등장한 지도 불과 몇 년밖에 되지 않았다. 세상은 핀테크, 푸드테크, 에듀테크, 프롭테크 등 각 산업을 'OO테크'라는 이름으로 융합하며 발전했다. 그러나 ChatGPT로 대표되는 AI의 본격 등장이 이 모든 것을 재편하고 있다. 이제는 인공지능(AI)이 모든 산업에 걸쳐 지배적인 역할을 하며, 본격적인 AX(Artificial Intelligence Transformation) 시대가 열리고 있다. AI가 모든 산업과 기술을 관통하는 핵심 동력으로 자리 잡은 것이다. 이 급격한 경영 환경의 변화 속에서 기민하게 대응하지 못하는 기업은 더 이상 설 자리를 찾기 힘들다. 독자적인 대응이 불가능하다면, 함께 협력하여 변화의 파도를 넘을 수 있는 연대가 필요하다. 이러한 변화에 적응하지 못한 기업은 사라지게 될 것, 특히 기업의 규모가 클수록 그 위기는 더욱 심화될 것이다.

● 변화의 속도와 그 실제

기업은 빠르게 변화하는 기술과 시장 환경 속에서 존재한다. 기술 발전의 속도는 갈수록 가파르게 증가하고 있으며, 이는 기업들에게 위기와 함께 새로운 기회를 동시에 제공한다. 기술 변화의 속도를 측정하는 대표적인 지표 중 하나가 IT 리서치 분야의 글로벌 선도 기업인 가트너(Gartner)사에서 매년 발표하는 '가트너 하이프 사이클(Gartner Hype Cycle)'이다. 가트너에서는 기술이 성숙해지는 과정을 다섯 가지 단계로 나누어 설명한다.

하이프 사이클은 기술진화 과정을 시각적으로 표현한다. 기술의 도입 초기에는 과도한 기대를 받다가, 시간이 지나면 실망을 겪고, 이러한 과정에서 사용자에게 실질적인 가치를 제공하는 기술의 여정을 시각적으로 보여준다. 하이프 사이클은 기업이 신기술 도입시기를 전략적으로 결정하는데 중요한 통찰을 제공한다. 기업이 자사의 상황과 사업에 활용가능한 기술의 발전단계를 종합적으로 분석함으로써 보다 정확한 투자결정과 중장기적인 전략 수립을 할 수 있게 되는 것이다.

하이프 사이클의 다섯단계는 다음과 같다:

1. 기술 촉발: 새로운 기술이 처음 등장하여 개념 증명이나 미디어의 관심을 받는 단계.(예, 6G)

2. 과도한 기대의 정점: 기술에 대한 기대가 비현실적으로 높아지는 단계.(예, 생성형 AI)

3. 환멸의 계곡: 기술의 한계가 드러나고, 시장의 관심이 급격히 줄어드는 시기.(예, 산업용 IoT)

4. 계몽의 비탈: 실질적인 기술 적용 사례가 나오기 시작하고, 이해도가 깊어지는 단계.(예, 자율주행)

5. 생산성의 정상: 기술이 성숙해져 광범위하게 적용되고, 안정적인 생산성을 보이는 시기.(예, 클라우드 컴퓨팅)

2024 하이프 사이클에서 정리한 신기술의 단계는 그림과 같다.

[가트너 2024 하이프 사이클]

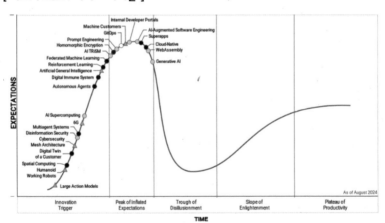

하이프 사이클 2024를 보면, 인공지능, 블록체인, 양자 컴퓨팅 등 다양한 신기술이 급격히 부상하고 있으며, 이들 기술이 기업과 사회에 미치는 영향은 날로 커지고 있다. 기술변화 속도에 적응하지 못하는 기업들은 경쟁에서 도태될 수밖에 없다. 기업들은 기술 변화와 시장 동향을 빠르게 이해하고, 필요한 혁신을 선도해야만 지속적인 성장을 이룰 수 있다.

가트너 하이프 사이클은 단순히 변화의 흐름을 보여주는 지표일 뿐만 아니라, 기업들이 언제 어떻게 혁신해야 할지를 판단하는 중요한 전략적 도구로도 활용할 수 있다. 변화의 물결 속에서 살아남기 위해서는 이러한 흐름을 빠르게 파악하고 능동적으로 대응하는 것이 필수적이다. 기술변화의 속도와 복잡성이 증가하는 것은 오픈 이노베이션을 촉진하는 중요한 요인으로 작용한다. 빠른 기술진화 속에서 기업에게 가장 요구되는 것은 민첩함이며, 오픈 이노베이션은 민첩성을 향상시키는 유용한 수단이 된다.

이러한 맥락에서, 기업은 단순히 기술 변화를 관찰하는 데 그치지 않고, 그 변화가 시장과 소비자에게 미치는 영향을 깊이 있게 분석해야 한다. 새로운 기술이 등장할 때마다 그것이 소비자에게 어떤 가치를 제공할 수 있는지, 그리고 기존의 제품이나 서비스를 어떻게 대체하거나 보완할 수 있는지를 예측하는 것이 핵심하다. 이는 기업이 혁신을 추진할 때 고려해야 할 핵심 요소이며, 성공적인 기술 도입과 비즈니스 모델 혁신의 기반이 된다.

가트너 하이프 사이클과 같은 도구를 통해 거대한 변화의 단초를 찾아낼 수 있는 것은 크게 어렵지 않다. 중요한 것은 기업이 그 변화에 어떻게 대응할 것인가이다. 이러한 대응의 중요성과 그 영향력을 잘 보여주는 사례가 바로 스마트폰의 등장이다.

스마트폰의 사례는 새로운 기술이 등장할 때 소비자에게 얼마나 큰 가치를 제공하는지 보여준다. 2007년 애플의 아이폰 출시와 함께 시작된 스마트폰 생태계는 많은 제품과 서비스를 집어 삼켰다. 스마트폰은 MP3 플레이어, 네비게이션, 디지털 카메라 등 다양한 제품과 서비스를 대체하며 소비자에게 편리함을 제공했다. 소비자들은 스마트폰 단말기와 앱 사용 비용을 지불하면서도 훨씬 더 많은 가치를 얻었다.

그러나 이런 변화를 미리 준비하지 못한 기업들은 큰 타격을 입었다. 예를 들어, MP3 플레이어와 같은 제품은 시장에서 사라졌고, 어

[스마트폰 출시로 타격을 입은 제품과 서비스]

출처: Chat GPT 4.0

학 학원, 택시 호출 서비스, 계산기 등 여러 서비스도 스마트폰이 출시되면서 위기를 맞았다.

AI는 현재 스마트폰이 걸었던 혁신의 길을 스스로 만들어 내고 있다. 그 영향력은 전 산업에 걸쳐 스마트폰을 훨씬 뛰어넘는 수준이다. 마치 스마트폰이 그랬듯이, AI 역시 다양한 서비스와 제품을 대체하며 시장을 재편하고 있다. 통역 서비스, 고객 지원, 데이터 분석 등이 AI로 인해 변모하는 대표적인 영역이다. 이러한 AI 기반 솔루션들은 소비자에게 더욱 신속하고 효율적인 서비스를 제공한다. 특히 실시간 통역과 같은 생성형 AI 기술은 사용자 경험을 한 차원 높이고 있으며, 기업들은 이를 중심으로 새로운 가치 창출의 기회를 모색해야 한다. AI는 단순한 기술 혁신을 넘어 산업 구조와 소비자 경험 전반을 근본적으로 변화시키는 변곡점이 될 것이다. 스마트폰의 등장이 가져온 변화를 교훈 삼아, 기업들은 AI 시대에 선제적이고 전략적으로 대응해야 한다. 이는 단순히 기술 도입을 넘어, AI를 중심으로 비즈니스 모델을 재구성하고 새로운 가치를 창출하는 것을 의미한다.

기술 진화의 속도가 점점 빨라지고 있음을 강조하는 흥미로운 데이터가 있다. 미국 헤지펀드 코튜(Coatue)가 2023년에 발표한 AI 리포트에 따르면, 혁신 기술이 시장에 확산되는 데 걸리는 시간이 급격히 단축되었다고 한다. 그들은 과거 PC는 시장 전반에 보급되기까지 약 20년이 걸렸고, 인터넷은 12년, 스마트폰은 6년이 소요되었지만, 생성형 AI는 단 3년 만에 전 세계를 뒤덮을 것으로 전망하였다.

[신기술별 기술 확산 속도]

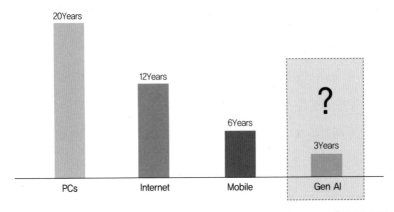

출처: COATUE

생성형 AI의 사례는 오픈 이노베이션의 가치를 실감하게 해준다. AI 기술의 확산은 단일 기업이나 조직의 노력만으로는 충분히 대응하기 어려운 속도로 진행되고 있으며, 이를 효과적으로 활용하기 위해서는 외부와의 협력이 필수적이다. 기업들은 기술 변화의 속도를 따라가기 위해 외부의 혁신을 적극적으로 도입하고, 새로운 기술을 내부적으로 확장시키는 오픈 이노베이션 전략을 채택해야 한다. AI와 같은 혁신 기술이 가져오는 급격한 변화는 기존의 기업 운영 방식을 근본적으로 재검토해야 한다는 요구로 이어지고 있다. 특히 기술이 빠르게 시장에 침투함에 따라, 기업들은 더 이상 독자적으로 혁신을 추진하기 어려운 시대를 맞이하고 있다. 기술 발전에 대한 민첩한 대응과 오픈 이노베이션의 전략적 활용이야말로 이러한 변화의 시대에 기업이 생존하고 성장하는 핵심 요소가 되고 있다.

● 빠른 변화에 대한 대응

거듭 강조하지만 오늘날의 기술 발전 속도와 시장 변화는 과거와 비교할 수 없을 만큼 빨라졌다는 것을 누구도 부인할 수 없을 것이다. 역설적인 사실은 이러한 기술발전으로 인해 기업들은 모든 것을 자체적으로 해결하기가 어려워졌다는 것이다. 기술의 복잡성이 증가하면서 전문가의 도움이 더욱 필요해졌다. 과거에는 한 기업이 내부 자원만으로 기술을 개발하고 모든 과정을 관리할 수 있었으나, 이제는 자신이 갖지 않은 기술과 역량을 가진 파트너와 손을 잡아야 한다. 이러한 협력을 하기 위해서는 협업할 파트너를 만나야 한다. 미국 포드 자동차를 세운 헨리 포드(Henry Ford)는 "함께 모이는 것은 시작이고, 협력하는 것은 성공이다"라는 말로 협업의 중요성을 강조했다. 이 말은 빠르게 변화하는 오늘날의 비즈니스 환경에서 오픈 이노베이션의 필요성을 잘 보여준다. 오픈 이노베이션을 통하여 기업은 더 유연하게 시장 변화에 적응하며, 새로운 기회를 빠르게 포착할 수 있다.

예를 들어, 메이저 자동차 제조업사들이 자율주행 기술이나 전기차 개발에 앞서기 위해 국경을 초월하여 기술 스타트업들과 협력하고 있다. BMW는 중국의 니오(NIO)와 같은 전기차 스타트업과 협력해 전기차 기술 개발을 가속화했고, 벤츠는 자율주행 기술을 위해 미국의 엔비디아(NVIDIA)와 파트너십을 맺어 AI 기반 자율주행 시스템을 개발하고 있다. 이러한 협력 덕분에 그들은 빠르게 변화하는 시장에서 경쟁력을 유지할 수 있다. 반면에 혁신을 받아들이지 못해 시장에서 도태된 경우도 있다. GM의 브랜드였던 사브(Saab)는 혁신활동과 파트너사와의 협력에 상대적으로 힘을 쏟아붓지 못해 점유율이 급격히 하락했고, 결국 2011년에 파산 신청을 했다. 또한 미쓰비시(MITSUBISHI) 자동차 역시 한때 세계 시장에서 강세를 보였으나, 전기차 및 자율주행 기술 혁신에 늦게 대응하면서 시장 점유율이 크게 감소했다.

결국, 기업들이 외부 자원을 적극적으로 활용하고 협력하지 않으면 빠른 변화에 적응할 수 없으며, 결국 도태될 수밖에 없다. 반면에 혁신을 지속적으로 추구하고 외부와의 협력을 진행하면 새로운 성장의 발판을 만들 수도 있다. 이러한 사례들은 기업들이 외부 자원을 적극적으로 활용하고 협력하지 않으면 빠른 변화에 적응할 수 없고, 결국 도태될 수 있다는 점을 명확히 보여준다. 반면에 혁신을 지속적으로 추구하고 외부와의 협력을 진행하면 새로운 성장의 기회를 만들 수 있다는 것도 시사한다.

1-4

성장방식의 변화

　성공적인 기업일수록 오픈 이노베이션을 적극적으로 활용하는 것이 선행연구를 통하여 확인되었다. 글로벌 엑셀러레이터 '500 Startups'과 인시아드(INSEAD) 비즈니스 스쿨은 대기업과 스타트업이 협력할 수 있는 방법에 대하여 다음의 그림과 같은 8가지 협업패턴이 있다고 하였

[대기업과 스타트업의 협업패턴]

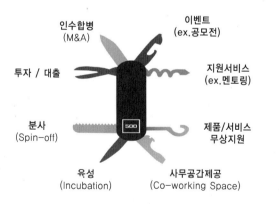

인수합병
(M&A)

이벤트
(ex.공모전)

투자 / 대출

지원서비스
(ex.멘토링)

분사
(Spin-off)

제품/서비스
무상지원

유성
(Incubation)

사무공간제공
(Co-working Space)

출처: 500 Startup

다. 그들은 8개의 패턴이 마치 스위스 밀리터리 나이프와 같다고 하여 "The Swiss Army Knife of Corporate Startup Engagement"라고 명명하였다.

이들은 포브스 500대 기업을 대상으로 스타트업과의 협업현황 전반에 대하여 분석하였는데, 분석결과 포브스 상위 100개 기업이 스타트업과 68%의 협력비율을 보인 반면 하위 100개 기업은 32%에 그치고 있음을 확인하였다. 상위권기업이 하위권기업보다 스타트업과 두배 더 활발하게 협업하고 있는 것이다.

[기업순위별 & 업종별 스타트업 연계율]

기업순위	스타트업 연계율
1 ~ 100위	68%
101 ~ 200위	57%
201 ~ 300위	56%
301 ~ 400위	49%
401 ~ 500위	32%

출처: 500 Startups

이처럼 상위권 기업일수록 변화하는 시장 환경 속에서 혁신적 성장을 도모하기 위해 외부 파트너와의 협력을 중요하게 생각하고 있으며, 이러한 추세는 특히 기술 혁신이 빠른 산업에서 더욱 뚜렷하게 나타난다. 이들기업의 스타트업과의 협업 방식은 투자, 사업 공모전, 스타트업 육성, 공간제공, 사업지원, 기술자문 활동을 통하여 진행된다.

과거 내부 R&D에만 적극적이었던 기업들이 스타트업과의 협력을 통한 성장으로 성장방식을 바꾸고 있는 것이다. 위의 표의 스타트업 연계율에서 볼 수 있듯이 이러한 현상은 최상위권 기업에서 더욱 두드러지게 나타나고 있다.

● 정부 주도 성장에서 민간 협력 성장으로의 변화

대한민국의 경제 발전은 크게 세 단계의 성장 모델을 거쳐왔다. 첫 번째는 1960년대부터 시작된 정부 주도 성장이다. 이 시기에 정부는 철강, 조선, 전자 등 주요 산업을 중심으로 대규모 프로젝트를 추진하며 경제성장을 위한 산업인프라를 구축하고 수출 중심의 경제 구조를 확립하였다.

두 번째 단계는 1990년대 후반 외환위기 이후 본격화된 대기업 중심의 성장이다. 정부가 구축한 경제 인프라를 바탕으로 대기업들은 글로벌 경쟁력을 확보했으며, 자율적인 경영과 혁신을 통해 경제 성장을 주도했다. 이 모델은 상당 기간 유지되었고, 그 결과 대한민국은 세계적인 경제강국으로 자리매김했다.

최근 십여 년간은 ICT를 중심으로 한 기술 혁신과 글로벌 시장의 빠른 변화 속에서 제3의 성장 모델이 등장했다. 이는 대기업과 스타트업 간의 협력을 통한 성장 모델이라고 볼 수 있다. 대기업은 스타트업의 혁신적인 기술과 아이디어를 도입해 새로운 성장 기회를 창출하고 있으며, 스타트업은 대기업의 자원과 경험을 활용해 빠르게 성장하고 있다. 예를 들어, '우아한 형제들'과 같은 스타트업은 배달 서비스 산업을 혁신해 플랫폼 노동이라는 새로운 시장과 고용을 창출했다. 대기업들은 이러한 스타트업과의 협력을 통해 변화하는 시장에 기민하게 대응하고 있다. 이러한 협력 모델은 대한민국 경제가 유연하고 지속 가능한 성장 기반을 마련하는 데 기여하고 있다.

앞으로도 대한민국 경제는 대기업과 스타트업의 긴밀한 협력을 더욱 강화해 나아가야 한다. 대기업과 스타트업 간의 협력은 기술 혁신을 가속화하고, 글로벌 경쟁력 강화를 위한 핵심 동력이 될 것이 분명하다. 이를 통해 대한민국 경제는 새로운 도약의 기회를 맞이할 수 있을 것이다.

● 스타트업의 성장과 역할

고용은 국가의 안정적 운영과 지속적인 성장을 가능하게 하는 근간이다. 최근 몇 년간 대한민국의 스타트업은 고용 창출과 경제 성장의 중요한 축으로 자리 잡았다. 중소벤처기업부에 따르면, 2022년 스타트업 고용은 전년 대비 8.1% 이상 증가하여 약 74만 5천 명에 달했다. 이는 전체기업의 고용증가율 2.4%보다 3배 이상 높은 수준이다. 특히 벤처캐피털 등의 투자를 받은 스타트업(29.8%)과 유니콘 기업(22.9%)에서의 고용 증가가 두드러진다. 이러한 고용성장은 스타트업의 혁신적 아이디어와 높은 성장 가능성이 이끌어낸 결과라고 볼 수 있다.

[벤처스타트업 고용동향(2021~2022년)]

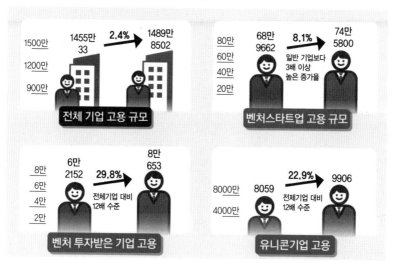

출처: 뉴스1 (자료 중소벤처기업부)

　스타트업의 성장은 단순히 경제적 측면에서의 기여뿐만 아니라, 사회적 가치 창출과 기술 혁신을 통해 산업 전반에 걸쳐 긍정적인 변화를 가져오고 있다. 토스(Toss)는 핀테크 산업에서 혁신을 일으켰다. 몇 번의 스마트폰 터치만으로 계좌이체, 투자관리, 대출 조회 등의 금융 업무를 쉽게 해결해 주었다. 토스로부터 촉발된 혁신은 모바일 금융 서비스를 변화시켰다. 또 리디(RIDI)는 전자책 시장에서 독자적인 기술로 독서의 접근성을 크게 높였다. 사람들은 본인이 원하는 디바이스에서 언제나 어디서나 편리하게 책을 읽을 수 있게 되었다. 똑딱과 같은 예약 앱은 사용자에게 시간과 노력을 절약하는 편리함을 제공한다. 병원, 레스토링의 다양한 서비스를 번거로운 전화나 방문 없이 앱을 통해 쉽고 빠르게 처리할 수 있게 해주어 시간의 효용을 높여준다.

이러한 스타트업들의 혁신적인 서비스들은 소비자들의 삶의 질을 높이고 일상을 바꾸고 있다.

● 글로벌 경쟁과 산업내 치열한 경쟁과 협업

글로벌 경제에서 반도체 산업은 국가와 기업 간의 치열한 경쟁과 협력의 장이 되고 있다. 대한민국의 삼성전자와 SK하이닉스는 세계적인 반도체 강자로서 대만의 TSMC나 미국의 NVIDIA와 치열하게 경쟁하고 있다. 특히 삼성전자는 TSMC와 반도체 파운드리(반도체 위탁생산) 시장에서 기술력과 생산 능력을 두고 경합을 벌이고 있으며, NVIDIA는 GPU와 CUDA라는 소프트웨어 플랫폼을 결합한 통합솔루션으로 AI 시대의 전 세계 반도체 시장을 주도하고 있다.

하지만 이들 기업은 단순히 경쟁하는 것에 그치지 않고, 긴밀하게 협력하기도 한다. 삼성전자는 NVIDIA의 최신 AI 칩용 메모리 공급을 위해 품질 테스트를 완료하였으며 납품단계에 접어들었다고 한다. SK하이닉스 역시 첨단 메모리 반도체 기술을 통해 글로벌 기업들과 협력 관계를 강화하고 있다. 이러한 경쟁과 협력의 복합적 관계는 반도체 산업의 빠른 발전과 혁신을 주도하고 있다.

국내 반도체 산업은 삼성전자와 SK하이닉스 같은 대기업뿐만 아니라 '리벨리온'이나 '모레' 등의 역량 있는 신생 반도체 스타트업의 부상으로 반도체 산업의 경쟁력이 높아지고 있다. 또한 삼성전자와 SK하이닉스는 반도체 소재, 부품, 장비 분야의 스타트업에 투자하며 생태계를 확장하고 있다. 이러한 스타트업들은 대기업과의 협력을 통해 기술 혁신을 주도하며, 대한민국이 반도체 강국으로서의 입지를 강화하는 데 중요한 역할을 하고 있다.

반도체 산업뿐만 아니라 다른 영역에서도 대기업과 스타트업 간의 협력은 혁신을 주도하는 전략이 되고 있다. 자동차 산업에서 포드는 전기차 스타트업 리비안과 협력하여 전기 트럭 개발을 가속화했고, 소매업에서는 월마트가 인도의 온라인 소매업체 플립카트에 투자하여 인도 전자상거래 시장에 진출했다. 이러한 협력은 대기업에게는 혁신의 기회를, 스타트업에게는 성장의 디딤돌을 제공한다.

이렇듯 스타트업과 대기업 간의 협력은 모든 산업 분야에서 경쟁력 강화의 핵심 전략으로 자리 잡아가고 있다. 빠르게 변화하는 글로벌 시장에서 혁신성을 강화하여 시장을 선도하는 데 촉매제로 작용하고 있는 것이다.

1-5

경제성장의 모멘텀

세계 경제는 에너지와 원자재 가격 상승, 인플레이션 압력, 고금리의 지속으로 인해 전반적으로 성장세가 둔화되고 있다. 대한민국 역시 저출산과 고령화, 물가 인상 정치적 불안 등으로 경제적 불확실성이 커지고 있으며, 새로운 성장 동력을 확보하기 위한 노력이 절실해졌다. 과거에는 풍부한 양질의 노동력과 가격 경쟁력을 기반으로 빠르게 성장해 어느 덧, 글로벌 Top 10 경제 강국으로 도약할 수 있었다. 그러나 4차 산업혁명과 본격적인 AI 시대에 접어들면서 과거의 성장 방식만으로는 한계에 부딪히고 있다.

과거 벤처기업과 스타트업은 대기업의 단순 하청업체로만 인식되던 시절이 있었지만, 이제는 스타트업의 역할이 우리 경제에서 점점 더 중요해지고 있다. 앞서 언급한대로 벤처기업과 스타트업의 고용 인원은 이미 4대 그룹의 고용 인원을 넘어섰으며, 고용 증가율도 국내 전체 기업 평균의 3배에 달하는 8.1%를 기록했다. 이는 스타트업이 대한민국 경제에서 차지하는 비중이 커지고 있음을 보여준다. 그들의 성장 가능성 또한 무한하다.

스타트업은 경제 성장뿐만 아니라 산업혁신의 중심에서 있기도 하다. AI 기반의 신기술, 그린 테크놀로지, 디지털 전환 등 첨단 분야에서의 혁신은 대기업과의 협력을 통해 그 속도가 더욱 빨라지고 있다. 스타트업의 민첩함과 혁신성이 대기업의 인프라와 자본을 만나면 함께 성장할 수 있는 기회를 창출한다. 스타트업들은 유연한 경영 구조를 바탕으로 빠르게 변화하는 기술 환경에 적응하며, 대기업과 함께 새로운 비즈니스 모델을 만들어내고 있다.

예를 들어, 반도체, 핀테크, 바이오테크와 같은 기술이 집약된 첨단 산업에서 대기업과 스타트업의 협력은 글로벌 경쟁력을 높이는 중요한 요소로 자리 잡고 있다. 이러한 협력은 대기업이 가지고 있는 자본과 인프라의 강점을 스타트업의 혁신성과 결합시켜, 양측 모두의 성장과 발전을 촉진하고 있다.

결론적으로, 스타트업과 오픈 이노베이션은 대한민국 경제의 새로운 성장 모멘텀으로 떠오르고 있다. 이들은 기존 대기업 중심의 성장 모델을 보완하며, 지속 가능한 경제 발전을 견인하는 동력으로 자리 잡았다. 앞으로도 이러한 협력과 혁신은 대한민국이 글로벌 경쟁 속에서 선도적인 역할을 유지하고, 미래 경제 환경에 유연하게 대응하는 데 중요한 역할을 할 것이다.

Why 오픈 이노베이션

1. 기업 생존의 어려움

기술과 사회 변화의 속도가 갈수록 빨라지면서, 성공을 이어가던 기업들이 한순간에 시장에서 사라지곤 한다. 더 이상 성공은 장기 생존을 보장하지 않는다. 지속적인 혁신 없이는 기업 생명력이 순식간에 단축될 수 있음을 명심해야 한다.

2. 실패한 거인들

코닥(Kodak)과 블록버스터(Blockbuster), 싸이월드(Cyworld)는 성공의 정점에서 변화의 물결에 뒤처진 사례들이다. 과거의 영광에 머물던 이 기업들은 혁신을 외면한 대가로 시장에서 사라지며 우리에게 '변화의 필요성'을 상기시켜 준다.

3. 기업 성공의 새로운 요건

시가총액 상위권 기업들은 이제 기술을 통해 세상을 재편하는 역할을 하고 있다. 이미 세계 경제의 확고한 리더로 자리 잡은 애플과 마이크로소프트 같은 기업들은 혁신을 통해 시장의 판도를 바꾼 좋은 예이다. 혁신이 없이는 생존도, 성공도 없다.

4. 생존 전략으로서의 오픈 이노베이션

변화의 속도에 대응하려면 내부 자원만으로는 한계가 있다. 오픈 이노베이션은 외부 전문성과 자원을 끌어들여 혁신을 촉신하며, 예측 불가능한 변화를 미리 대비할 수 있게 한다. 이것은 단순한 선택이 아니라, 생존을 위한 필수 전략이다.

5. 외부 협업의 필요성

빠르게 변화하는 시장에서 외부와 협업하지 않으면 경쟁력을 잃기 쉽다. BMW와 벤츠가 스타트업과 협력하여 전기차 및 자율주행 기술을 빠르게 발전시키는 것처럼, 기업들은 오픈 이노베이션을 통해 새로운 기회를 포착해야 한다.

6. 성장 모델의 변화

대기업들은 이제 단순히 내부 R&D에만 의존하지 않고, 스타트업과의 협력으로 새로운 성장 기회를 창출하고 있다. 이 같은 성장 모델의 변화는 대한민국 경제에 더욱 유연하고 민첩한 대응을 가능하게 한다.

7. 경제 성장의 새로운 모멘텀

스타트업들이 고용 창출과 혁신은 물론 산업생태계의 다양성을 강화하면서 대한민국 경제의 활력을 불어 넣고 있다. 대기업과 스타트업의 협업은 새로운 경제 성장의 모멘텀이 되어 지속 가능한 발전을 위한 기반이 되고 있다.

제 **2** 장

What
오픈 이노베이션

2-1

/

오픈 이노베이션의 정의

오픈 이노베이션은 조직 이론가이자 미국 버클리대학 교수였던 헨리 체스브로(Henry W. Chesbrough)가 2003년 그의 저서 Open Innovation: The New Imperative for Creating and Profiting from Technolog(오픈 이노베이션: 기술로부터 창출하고 수익을 내기 위한 새로운 조건)에서 처음으로 제시한 개념이다. 이 전략은 기업이 성장과 혁신을 추구할 때, 스타트업이나 대학연구소와 같은 외부 자원과 역량을 적극적으로 활용하여 새로운 제품이나 서비스를 개발하는 방식을 강조해야 한다는 것이 주요 내용이다.

체스브로 교수는 세계적인 소비재 기업 P&G(The Procter & Gamble Company)의 사례를 통해 오픈 이노베이션의 필요성을 설파했다. P&G는 1837년 설립된 세계 최대 규모의 소비재 제조기업으로 대표적인 브랜드로는 팬틴(Pantene), 헤드앤숄더(Head & Shoulders)와 같은 샴푸 제품, 질레트(Gillette) 면도기, 팸퍼스(Pampers) 기저귀, 타이드(Tide) 세제 등이 있다. 대부분 전세계의 많은 가정에서 신뢰받는 브랜드들이다. 2000년대 초반, P&G는 저조한 매출과 주가 하락으로 어려움을 겪고 있었다. 문제의 원인은 신제품 개발지연과 경쟁사들의 자체 브랜드(Private Brand, PB) 제품들이 대형 유통업체를 통해 입지를 넓히면서, P&G의 주요 제품들이 그들의 제품과 차별성을 잃어가는 것이 주요 원인이었다. 당시 주가는 116달러에서 55달러까지 급락했고, P&G의 주요 유통 채널이었던 월마트(Walmart) 등 대형 고객들은 P&G 제품 대신 자체 브랜드 상품의 판매 비중을 늘리며 P&G의 시장 점유율을 떨어뜨리고 있었다.

이러한 악조건 속에서 새로 CEO로 부임한 래플리(Lafley)는 P&G가 혁신적인 신제품을 출시하지 못하고, PB 제품과 차별화된 경쟁력 있는 상품을 만들지 못하는 원인이 연구개발 방식에 있다고 판단했다. 당시 P&G는 대부분의 기업은 자사 내부에서 개발된 기술만을 인정하고, 외부의 기술이나 성과는 받아들이지 않는 NIH(Not Invented Here) 증후군에 빠져 있었다. 래플리는 P&G의 이러한 폐쇄적 연구개발 방식이 회사를 점점 더 어려움에 빠지게 한다고 인식했다. 내부 역량에만 의존해서는 치열해지는 시장에서 경쟁 우위를 유지할 수 없으며, 무엇보다도 고객의 요구를 충족시키지 못할 것이라고 생각한 것이다.

래플리는 혁신적인 질문을 던졌다. "P&G에는 7,500명의 연구원이 있지만, 전 세계에는 150만 명의 연구원이 있다. 왜 내부 인력에만 의존해야 할까?" 이러한 접근방식은 P&G의 혁신 전략을 근본적으로 변화시켰다. 이러한 사고를 바탕으로 P&G는 C&D(Connect and Develop) 전략을 수립했다. C&D 전략의 핵심은 외부 기술을 적극적으로 도입하여 기업의 혁신 역량을 극대화하는 것이었다. C&D 전략은 단순한 외부 협력을 넘어 P&G의 혁신 문화를 근본적으로 변화시켰다. 내부 역량에만 의존하던 기존의 방식에서 벗어나, 글로벌 혁신 네트워크를 활용하는 개방형 혁신 모델로 전환한 것이다. C&D 전략의 실행을 통해 P&G는 더욱 다양하고 창의적인 아이디어를 얻을 수 있었고, 이는 궁극적으로 소비자들에게 더 나은 가치를 제공하는 혁신적인 제품으로 이어졌다. 이러한 접근 방식은 P&G가 급변하는 시장 환경에서 지속적으로 성장하고 경쟁우위를 유지할 수 있는 원동력이 되었다.

C&D 전략이 처음 도입되었을 때 내부 연구진의 반발이 있었다. 하지만 외부와의 협력을 통하여 성과를 내는 것은 오래걸리지 않았다. 예를 들어, 외부 발명가의 막대사탕 회전 기술을 활용해 P&G는 저렴하면서도 성능이 우수한 전동 칫솔을 개발했다. 또 이탈리아의 한 교

[P&G의 오픈 이노베이션으로 탄생한 프링글스 프린츠, 크레스트 전동칫솔]

출처: 산업입지 Vol.63

수가 개발한 식용 잉크 분무 기술을 이용해, 감자칩 브랜드 '프링글스'에 이미지를 인쇄한 '프링글스 프린트'를 선보였다. 이러한 새로운 시도를 통해 P&G는 제품 개발 기간을 단축하고, 연구개발 비용을 절감하는 동시에 순이익을 C&D 도입 이전의 3배 수준으로 끌어올릴 수 있었다.

P&G가 오픈 이노베이션을 통해 외부 자원과 기술을 적극적으로 도입하여 큰 성공을 거둔 것처럼, 대한민국에서도 이러한 전략의 필요성이 부상하였다. 특히, 한국은 인적 자원이 풍부하고 우수한 기술력을 보유하고 있어, 외부와의 협력을 통해 더욱 혁신적인 성과를 도출할 수 있는 잠재력이 크다.

빠르게 변화하는 기술과 시장 환경에서 내부 역량만으로는 지속적인 성장을 이루기 어려운 시대가 도래했다. 오픈 이노베이션은 이러한 한계 극복에 도움이 될 수 있다. 한국의 기업들도 대학, 스타트업, 연구기관 등과 협력하여 기술력과 인재를 융합함으로써 글로벌 시장에서 경쟁력을 강화하고 새로운 시장을 창출에 도전하고 있다. 오픈 이노베이션은 한국에 새로운 성공의 기회를 열어줄 수 있는 핵심전략으로, 이를 통해 대한민국은 더욱 혁신적이고 지속 가능한 발전을 이룰 수 있을 것이다.

● 폐쇄형 혁신과 개방형 혁신의 비교

조직, 사회, 그리고 다양한 시스템에서 폐쇄와 개방은 서로 대조되는 운영방식으로 대비된다. 폐쇄형 시스템은 내부 통제와 자원 관리에 초점을 맞추며, 외부와의 상호작용을 최소화하여 회사경영의 안정성과 기업보안을 우선시한다. 이러한 접근법은 외부 요인의 영향을 줄여 예측 가능성을 높일 수 있지만, 새로운 아이디어나 변화에 유연하게 대응하는 데 한계가 있을 수 있다.

반면, 개방형 시스템은 외부 자원과 정보의 유입을 허용하여 유연성과 다양성을 추구한다. 이는 빠르게 변화하는 환경에 빠르게 적응할 수 있는 장점을 제공한다. 하지만 내부 통제가 어려워질 수 있고 예상치 못한 위험이 발생할 가능성도 있다.

폐쇄와 개방의 선택은 상황에 따라 달라지며, 두 접근법 사이에서 적절한 균형을 찾는 것이 중요하다. 이러한 개념을 바탕으로 폐쇄형 혁신과 개방형 혁신에 대해 자세히 살펴보도록 하자.

● 폐쇄형 혁신 (Closed Innovation)

폐쇄형 혁신은 과거 대부분의 기업이 추진해온 전통적인 기업 혁신 방식으로, 모든 연구개발(R&D) 활동이 기업 내부에서 이루어지는 것이 특징이다. 모든 혁신 자원을 내부에서 조달하고, 외부와의 협력을 제한적으로 운영하는 방식이다. 과거에는 기술 발전 속도가 현재보다 느렸고, 글로벌 경쟁이 지금처럼 치열하지 않았기 때문에 기업이 내부 자원만으로 혁신을 이루는 데 큰 문제가 없었다. 기업이 보유한 기술과 자원이 충분히 시장의 요구를 충족할 수 있었고, 외부와의 협력이 필수적이지 않았다. 폐쇄형 혁신은 주로 보안과 통제 측면에서 유리한데, 이는 회사 내부에서 도출한 혁신적 아이디어와 기술이 외부로 유출될 위험을 낮기 때문이다. 기업은 자체 역량을 통해 혁신을 관리하며, 외부와의 의사소통을 줄여 독립적인 결정을 내릴 수 있다.

폐쇄형 혁신조직에서는 아이디어를 만들고 그것을 개발하여 목표 시장에 출시하고 판매하는 일련의 활동을 스스로 해결하는데, 이러한 배경에는 자신들이 경쟁자들에 비하여 뛰어나다는 인식이 기저에 깔려있다. 다음의 그림과 같이 자신들의 기술적 혁신으로 새로운 제품

[폐쇄형 오픈 이노베이션 순환 구조]

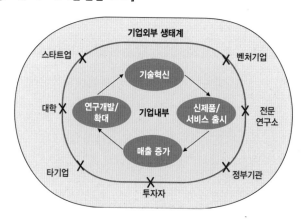

출처: 헨리체스브로 'Open Innovation'을 참고하여 저자 작성

과 서비스를 만들고 이를 통해 회사의 수익성을 높여서 다시 R&D에 투자하는 순환 구조를 기업내부에서 추진하는 것이다.

폐쇄형 혁신에는 명백한 단점이 존재한다. 우선, 모든 자원을 내부에서 조달하려면 비용이 많이 들고, 인적 자원과 기술력의 한계로 인해 혁신의 범위와 속도가 제한될 수 있다. 외부에서 유입되는 다양한 아이디어와 기술을 받아들이지 않으면, 급변하는 시장 변화에 신속하게 대응하기 어려워질 수 있다. 또한, 글로벌화가 가속되는 현대 시장에서 외부 협력을 소홀히 한다면, 글로벌 경쟁에서 뒤처질 위험도 크다. 결국, 폐쇄형 혁신은 단기적으로는 보안과 안정성을 유지할 수 있지만, 장기적으로는 다양하고 참신한 혁신을 이끌어내기 어려운 한계를 지닌다.

● 개방형 혁신 (Open Innovation)

반면, 개방형 혁신은 기업이 외부 자원과 아이디어를 적극적으로 도입하고, 내부 자원을 외부와 공유하며 협력하는 방식이다. 이 개념은 앞서 설명한대로 헨리 체스브로 교수가 처음 제시했다. 기업 내부와 외부의 경계를 허물고 다양한 외부 파트너들과 협력하여 더 높은 성과를 달성하는 것을 목표로 한다.

개방형 혁신에서는 아래의 그림과 같이 기존 기업내부에서 진행하던 모든 분야에서 외부 파트너와의 협력을 도모할 수 있다. 기술적인 협력 뿐 아니라 벤처캐피털을 통한 자금확보, 사업제휴를 통한 시장 확대 처럼 다방면에서 협력이 가능하며 이는 결국 사업을 영위하는 범위를 넓혀주고 스케일업의 기회를 제공하는 것이다.

[개방형 오픈 이노베이션 순환 구조]

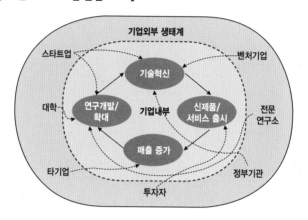

개방형 혁신의 가장 큰 강점은 외부 자원을 효과적으로 활용할 수 있다는 점이다. 외부의 혁신적인 기술과 아이디어를 도입함으로써 내부 R&D 비용을 절감할 수 있으며, 다양한 외부 지식을 활용해 혁신의 질을 높일 수 있다. 또한, 이러한 외부 협력을 통해 기업은 새로운 기술을 신속하게 도입하여 시장의 요구에 빠르게 대응할 수 있으며, 글로벌 혁신 생태계와의 협력을 통해 경쟁력을 강화할 수 있다.

여러 외부 주체들과 협력하면서, 기업은 기존에 없던 신선한 아이디어를 받아들이고 이를 통해 혁신의 속도를 가속화할 수 있다. 기술 개발뿐만 아니라 제품 상용화까지도 외부 파트너의 역량을 활용해 보다 빠르게 추진할 수 있어, 변화하는 시장에서 경쟁 우위를 점할 가능성을 높여준다. 다만, 외부 협력이 증가함에 따라 보안 문제와 지적재산권 관리에 대한 추가적인 고려가 필요하다는 점에서 주의가 요구된다.

● 폐쇄형 혁신과 개방형 혁신의 비교

폐쇄형 혁신과 개방형 혁신을 비교해 보자. 폐쇄형 혁신의 추구하는 기업은 기본적으로 자신들이 해당 산업 또는 사업에서 가장 앞서 있다고 스스로 생각하는 경향이 있다. 연구개발 인력을 포함한 구성원의 수준은 다른 기업에 비해 우수하며 자신들의 사업영역에서의 최초의 혁신제품을 반드시 본인들이 만들어 내야겠다는 의지가 강하다. 그리고 자신들의 지적재산을 철저히 통제하여 경쟁사는 물론 협력 파트너 조차도 회사의 지적재산권을 활용할 수 없게 하는 경향이 있다.

반면에 개방형 혁신을 추구하는 기업은 연구개발의 주체가 자신들이냐 혹은 외부인가를 고민하기 보다는 연구개발을 통하여 어떤 가치를 만들어 내는지에 대해 집중한다. 시장에 최초로 진출하는 것에 목매기 보다는 더 좋은 비즈니스 모델을 만들어서 자신들의 제품과 서비스의 경쟁력을 강화하는 것을 중요하게 본다. 따라서 필요하다면 자신들의 지적재산을 외부에 공개하고 또한 외부의 지적재산을 확보하는 데에도 적극적이다.

오픈 이노베이션의 개념을 소개한 헨리 체스브로 교수는 다음과 같은 이미지를 통하여 상반된 개념을 설명하였다.

[폐쇄형 혁신과 개방형 혁신의 기술혁신 방식]

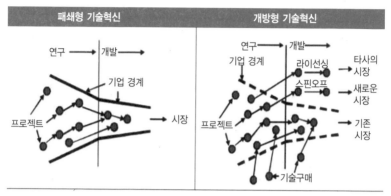

출처: 헨리 체스브로 'Open Innovation'

폐쇄형 혁신은 기업의 연구개발, 시장진출이 주로 내부 자원에 의존하여 운영된다는 것을 전제로 삼고 있다. 이 모델에서는 기업내부에서 도출된 아이디어로부터 연구개발에 착수하여 최종적으로 매우 적은 아이디어만이 시장에 도달하게 된다. 이 과정에서 외부자원이나 외부로부터의 아이디어의 유입은 철저히 차단된다.

반대로 개방형 혁신은 기업이 내부와 외부의 아이디어, 기술을 모두 활용하는 것을 장려한다. 이 모델에서는 기업의 내부와 외부의 경계가 느슨하다. 따라서 기업 내부의 아이디어와 역량이 외부로 유출될 수 있다는 것을 인정하고 있다. 반면 혁신에 대한 유연한 자세를 통하여 외부로부터의 기술이나 아이디어 확보는 물론 라이선싱, 스핀오프 등을 통한 혁신적 성과를 만드는데 주력한다. 폐쇄형 혁신에 비하여 더 다양한 시장에 진입할 수 있으며 사업화의 경로를 다양하게 만들 수 있다.

[폐쇄형 혁신과 개방형 혁신의 기술혁신 비교]

폐쇄형 혁신	구분	개방형 혁신
기업내부 조직에 한하여 혁신활동 추진	혁신 활동 범위	기업 내외부 경계 없이 다양한 주체와 협업
내부자원에 의존	혁신 자원 확보	내외부 가리지 않고 자원 조달
느림	혁신속도	빠름
고비용 구조	비용	비용절감 가능
보안과 통제 용이	보안과 통제	보안과 통제 어려움

최근에는 시장 변화의 속도와 기술 발전이 급격히 빨라지면서 개방형 혁신이 많은 주목을 받고 있다. 다양한 협업파트너와의 협력을 통해 신속하게 새로운 기술과 아이디어를 도입할 수 있으며, 이를 통해 기업은 변화하는 시장 요구에 더욱 효과적으로 대응할 수 있다. 특히 글로벌화된 비즈니스 환경에서 개방형 혁신은 경쟁력을 유지하고 강화하는 중요한 전략적 옵션이 되었다.

하지만, 단순히 개방형 혁신만을 추구하는 것이 아닌, 기업의 목표와 상황에 맞게 두 가지 혁신 방식을 적절히 조합하는 것이 필요하다. 폐쇄형 혁신의 통제력과 안정성을 바탕으로 하면서도, 개방형 혁신을 통해 외부 자원과 아이디어를 적절히 활용하는 균형 잡힌 접근이 유용하다. 이를 통해 기업은 지속적인 성장과 혁신을 추구할 수 있으며,

변화무쌍한 시장 환경에서 유연하게 대응할 수 있는 경쟁 우위를 확보할 수 있다.

● 오픈 이노베이션 vs 가치사슬 모델

여전히 전세계 대학 강의실에서는 마이클 포터 교수의 '가치사슬모형(Value Chain Model)'을 강의하고 있다. 이 모델은 기업이 제품과 서비스를 만들어내기 위해 추진하는 일련의 활동들을 체계적으로 분석하는 도구로, 기본적으로 기업내부의 활동에만 주목한다. 기업 내 활동을 본원적 활동과 지원 활동으로 나누어 설명하는데, 본원적 활동에는 구매, 제조, 물류, 마케팅, 판매 등이 포함되며, 지원 활동은 인사, 연구개발(R&D) 등 가치 창출을 가능하게 해주는 기능을 포함한다. 이러한 가치사슬 분석은 기업이 각 활동에서 창출하는 가치나 소요 비용을 측정하여 경쟁 우위를 확보하는 데 유용하다.

가치사슬 모형은 본질적으로 폐쇄형 혁신의 개념에 가까운 접근 방식이다. 기업 내부에서 각 단계를 통제하고 관리하는 것을 중시하며, 외부와의 협력보다는 자체 역량을 통해 가치를 창출하고 비용을 절감하는 데 초점을 맞춘다. 즉, 가치사슬 모형은 기업 내부의 자원과 활동만을 중심으로 혁신과 경쟁력을 논의하는 틀을 제공한다.

반면, 오픈 이노베이션은 그와는 반대로 기업의 경계를 넘어서 외부

[가치사슬 모델]

출처: 마이클 포터

의 자원과 아이디어를 적극적으로 도입하는 개념이다. 기업이 내부와 외부의 경계를 허물고 다양한 주체와 협력하여 더 높은 성과를 달성하는 것을 목표로 한다. 오픈 이노베이션에서는 본원적 활동뿐만 아니라 지원 활동에서도 외부와의 협력이 중요한 역할을 하며, 이를 통해 기업은 기술 개발, 제품 상용화, 시장 대응을 더 빠르고 효과적으로 할 수 있다.

오픈 이노베이션은 가치사슬의 모든 단계에서 접목될 수 있다. 예를 들어, 구매단계에서는 외부 공급자나 협력 업체와의 파트너십을 통해 더 혁신적이고 비용 효율적으로 원자재를 조달할 수 있다. 제조단계에서는 외부 스타트업이나 연구기관의 최신 기술을 도입해 생산 공정을 혁신할 수 있다. 또한 물류에서는 글로벌 물류 파트너와 협력하여 더 효율적인 유통 시스템을 구축할 수 있으며, 마케팅과 판매단계에서는 외부 마케팅 에이전시나 데이터를 활용해 보다 정교한 고객 타겟팅 전략을 수립할 수 있다. 또한, 서비스단계에서도 외부의 전문성을 활용하여 더 나은 고객 지원 시스템을 구현할 수 있다.

흥미롭게도, 마이클 포터 교수도 시대의 변화와 함께 기술 혁신과 개방의 중요성을 인식했다. 그의 최근 저서에서는 IT와 기술의 발전이 기업의 가치사슬을 넘어 산업의 경계를 재편성할 수 있음을 언급하며, 기업들이 더 이상 내부 효율성에만 의존할 수 없음을 강조했다. 포터는 경쟁 우위는 내부 활동만으로 이루어지지 않으며, "스마트하게 연결된 제품들"을 통한 외부 파트너와의 협력이 경쟁력 강화를 위한 필수 전략이 될 수 있다고 주장했다.

결론적으로, 현대 경영 환경에서는 가치사슬 모형의 내부 효율성과 오픈 이노베이션의 외부 협력을 조화롭게 결합하는 것이 중요하다. 기업의 특성과 전략에 맞는 최적의 혁신 전략을 수립함으로써, 기업은 더 빠르고 효율적으로 변화하는 시장 환경에 적응하고 경쟁력을 강화할 수 있을 것이다.

● 오픈 이노베이션과 린스타트업

오픈 이노베이션과 린 스타트업은 기업 혁신의 두 핵심 접근법으로, 비용 절감과 신속한 시장 대응이라는 공통의 목표를 지향한다. 두 방식 모두 자원의 효율적 활용과 빠른 혁신 실현을 추구한다는 점에서 유사성을 보인다. 오픈 이노베이션은 대기업과 스타트업간 협업을 통해 외부 자원과 아이디어를 활용함으로써 혁신을 가속화하고 개발 비용을 절감한다.

린 스타트업은 혁신 전략가 에릭 리스(Eric Ries)가 그의 저서 '린 스타트업(Lean Startup)'에서 제안한 방법론으로, 고객에게 아이디어를 신속히 선보이고 검증하는 과정을 통해 시장 실패 위험을 최소화하고 자원을 효율적으로 사용하는 것을 주요 내용으로 한다.

에릭 리스는 "스타트업이 실패하는 주된 이유는 고객이 진정으로 원하는 제품이나 서비스를 제공하지 못하기 때문"이라고 하였다. 린 스타트업의 핵심은 고객의 요구에 맞춘 최소기능제품(MVP, Minimal Viable Product)을 신속하게 개발하고, 이를 통해 빠르게 고객의 피드백을 받아 개선하는 방식에 있다. MVP는 완벽하지 않더라도 고객이 사용할 수 있는 최소한의 기능을 담고 있어야 하며, 이를 통해 제품의 시장성을 빠르게 검증하는 데 목적을 둔다.

이러한 린 스타트업 접근법을 효과적으로 구현하는 데 적합한 업무 방식이 신속한 대응과 지속적인 협업을 강조하는 애자일(Agile) 방법론이다. 애자일의 핵심인 스프린트(Sprint)는 1~2주 단위의 짧은 프로젝트로, 명확한 목표 설정과 신속한 피드백을 통해 과업을 진행한다. 이러한 피드백 루프를 통해 고객의 진정으로 원하는 제품에 가까운 결과물을 만들어낼 수 있다.

애자일 방법론을 대기업과 스타트업 간의 사업검증(PoC) 활동에 적용하면 유용하다. PoC는 주로 자원이 부족한 상태에서 스타트업의 새로운 기술이나 아이디어의 타당성을 검증을 위해 진행된다. 오픈 이노베이션 프로그램의 일환으로 진행되는 PoC는 주로 3~6개월 수준으로 비교적 짧은 기간동안 진행되는 것이 일반적이다. 따라서 짧은 주기로 집중 실행하는 스프린트 방식은 스타트업과 대기업의 공동 PoC를 효과적으로 관리할 수 있는 도구가 된다.

한편 스타트업이 PoC 과정에서 대기업의 내부 전문가와 협력하여 새로운 솔루션을 개발할 때, 대기업은 그 솔루션이 자사 기술과 잘 맞는지, 상업화 가능성이 있는지 등에 대해 실질적인 피드백을 제공한다. 이러한 대기업과의 실질적인 피드백을 제공한다. 고객의 니즈를 구체적으로 이해하고 자신들의 제품의 매력도를 높일 수 있는 기회로 활용해야 한다.

이러한 피드백 교환 과정을 통해 스타트업은 대기업의 사업적 우선순위와 프로세스를 더 깊이 이해하게 되고, 대기업은 스타트업의 유연성과 창의적 문제 해결 능력을 직접 경험하게 된다. 이는 단순한 기술 협력을 넘어 상호 신뢰를 구축하고 장기적인 협력 관계로 발전할 수 있는 토대가 된다. 오픈 이노베이션과 린 스타트업은 서로 밀접하게 연관되어 있으며, 함께 활용될 때 큰 시너지 효과를 창출할 수 있다. 오픈 이노베이션을 통해 스타트업은 대기업의 풍부한 자원과 축적된 경험을 활용할 수 있고, 대기업은 스타트업의 혁신적인 아이디어와 접하게 된다. 더불어, 기민하게 움직이는 스타트업 문화를 경험함으로써 대기업의 조직 문화에도 긍정적인 변화를 가져올 수 있다.

2-2

오픈 이노베이션의 효과

오픈 이노베이션은 기업이 외부의 자원과 아이디어를 활용해 혁신을 이루는 전략으로, 대기업과 스타트업 모두에게 성장 기회를 제공한다. 대기업의 경우, 내부 자원에만 의존하는 기존의 혁신 방식에서 벗어나, 빠르게 변화하는 기술 환경에서 민첩하게 대응할 수 있는 유연성을 확보할 수 있다. 스타트업은 자금과 네트워크의 부족을 보완할 수 있으며, 대기업과의 협력을 통해 시장 진입과 기술 개발 속도를 높일 수 있는 기회를 얻게 된다. 이 장에서는 오픈 이노베이션이 대기업과 스타트업에 각각 어떤 효과를 미치는지, 두 관점에서 나눠 살펴보고자 한다.

앞서 언급한 대로 많은 기업들은 자사의 우월성을 믿으며 타사가 개발한 것을 인정하지 않는 소위 NIH(Not Invented Here) 정책을 고수했다. 즉, 외부의 기술이나 아이디어를 수용하기보다는 내부에서 모든 것을 해결하려는 경향이 강했다. 그러나 현대의 경영 환경에서는 이러한 폐쇄적인 접근 방식으로는 급격하게 변화하는 시장과 고객의 요구에 대응하기 어려워졌다. NIH 신드롬은 더 이상 현대 비즈니스에서 용인되지 않으며, 기업들은 외부와의 협력을 통해 혁신을 가속화하고 있다.

빠른 기술진화 속에서 제품의 수명주기가 짧아지면서, 급변하는 기술과 트렌드를 반영하는 것이 필수적이 되었다. 예를 들어, 애플의 아이폰과 삼성의 갤럭시 시리즈는 매년 새로운 모델을 출시하여 향상된 성능, 카메라 기능, 배터리 수명, 그리고 개선된 사용자 경험(UX)을 제공하고 있다. 패션 업계에서도 H&M, Zara, 유니클로와 같은 패스트 패션 브랜드들이 소비자의 요구에 맞춰 시즌별 트렌드에 신속하게 대응하고 있다. 특히 Zara는 디자인에서 판매까지의 주기를 단 2주로 단축시키며 제품 출시 속도를 혁신적으로 개선했다. 이러한 사례들은 기업이 외부와의 협력을 통해 시장 변화에 신속하게 적응해야 하는 필요성을 잘 보여준다.

● 대기업 관점

오픈 이노베이션이 대기업의 핵심 경쟁력을 어떻게 강화하고 조직 문화에 어떤 영향을 미치며, 비용 절감 측면에서 어떤 효과를 가져오는지 구체적으로 살펴보겠다.

핵심 경쟁력 강화

대기업이 오픈 이노베이션 파트너를 탐색하는 과정에서 목표로 삼는 것은 기술력 강화, 비용 절감, 그리고 새로운 고객 확보 등이 될 것이다. 이 중에서도 가장 중요한 것이 '기술력 확보'이다. 대기업은 자사의 제품과 서비스를 개선하거나, 협업파트너의 지적재산권(IP)과 고객 채널을 활용하여 혁신적인 신제품을 만들고자 한다. 사내 R&D 부서나 기존 사업 부서만으로는 해결하기 어려운 기술적 과제나 경쟁자의 도전을 해결하기 위해 오픈 이노베이션 활동을 통하여 자사의 기술적 한계를 극복하고자 하는 것이다.

오픈 이노베이션을 통한 외부와의 협업은 대기업이 자체 솔루션의 한계를 인식하고, 스타트업이나 협력업체로부터 고객에 대한 깊은 통찰과 혁신적인 아이디어를 얻을 수 있는 장을 마련한다. 궁극적으로, 이러한 과정을 통해 대기업은 핵심 경쟁력을 강화하고, 빠르게 변화하는 시장에서 지속 가능한 경쟁 우위를 유지하는 데 필요한 역량을 확보하는 것이다.

네덜란드에 본사를 둔 세계적인 가전기업 필립스(Philips)는 오픈 이노베이션으로 의료기기 부문에서 강력한 경쟁력을 구축하였다. 필립스는 여러 스타트업 및 연구기관과 협력하여 고도화된 이미징 기술과 인공지능(AI) 솔루션을 의료 분야에 적용하는 데 성공했다. 이를 통해 필립스는 의료 진단 및 치료 솔루션에서 글로벌 리더로 자리 잡을 수 있었고, 경쟁사보다 빠르게 혁신적인 제품을 출시할 수 있었다. 필립스는 외부 파트너와의 협력을 통해 기존에 내부 역량만으로는 이루기 힘들었던 성과를 달성하며 기술적 우위를 확보한 것이다.

조직문화 개선

대기업은 이미 확보한 시장 지위와 리더십을 유지하는 데 중점을 두기 때문에, 변화보다는 안정성을 추구하는 경향이 있다. 혁신적인 아이디어를 실행하기보다는 기존의 수익성과 시장 점유율을 지키는 데 집중하고, 법무, 회계, 수익성 등 다양한 검토와 내부 프로세스를 거치면서 다소 경직된 조직 문화를 고수하는 경우가 많다. 이로 인해 직원들의 도전 정신과 혁신성이 억제되고, 급변하는 시장과 소비자 트렌드에 뒤처질 위험이 있다.

이러한 상황에서 오픈 이노베이션을 통해 스타트업과 협력함으로써, 대기업 구성원들은 기민(Agile)한 스타트업의 업무방식과 일처리 속도를 경험하게 된다. 이는 대기업의 기존 프로세스와 조직 문화에 신선한 자극을 주는 '메기효과'로 작용할 수 있다. 수직적 조직 구조 속에서 발생하는 의사소통의 경직성도 스타트업과의 협업을 통해 개선될 수 있다. 그리고 직원들은 협업과정에서 문제해결을 위한 새로운 접근 방법도 체험하게 된다. 이러한 경험들이 쌓여 조직 전반의 유연성과 창의성을 높이는 촉매로 작용될 수 있는 것이다.

SK텔레콤의 '트루이노베이션(True Innovation)'이라는 오픈 이노베이션 프로그램이 좋은 예이다. 이 프로그램은 다양한 기술 분야에서 혁신적인 스타트업을 발굴하고, SKT의 자원과 네트워크를 제공해 협력을 촉진하는 역할을 한다. 특히 SKT는 스타트업과의 협력 과정에서 SKT 직원들 중 일부를 트루 이노베이션 프로그램을 통하여 선발된 스타트업을 지원하는 서포터로 운영하고 있다. 서포터는 스타트업이 필요한 기술 지원, 멘토링, 시장 진입 전략 등을 함께 모색하며 상호작용하게 되는데, 이러한 활동을 통하여 젊고 역동적인 스타트업의 문화가 자연스럽게 SK그룹으로 스며들며 조직문화에 긍정적인 영향을 미치고 있다.

비용절감

오픈 이노베이션은 대기업에게 비용 절감의 기회를 제공한다. 내부에서만 R&D를 진행할 때 소요되는 막대한 비용을 줄이는 동시에, 외부에서 이미 개발된 혁신적인 기술과 아이디어를 활용하여 비용 효율적으로 제품과 서비스를 개발할 수 있다. 또한 최근 빠른 기술 발전에 따른 소비자들의 요구변화로 제품수명이 축소되고 있는데, 이는 특정 제품 개발을 통해 기대할 수 있는 매출이 줄어든다는 것을 의미한다.

오픈 이노베이션 모델을 통해 대기업은 외부 파트너와의 협력을 통해 혁신적인 아이디어와 기술을 빠르게 도입할 수 있으며, 이를 통해 R&D 비용을 크게 절감할 수 있다. 예를 들어, 스타트업이나 연구기관과의 협력을 통해 제품 개발에 필요한 기술을 외부에서 도입함으로써 내부 개발 비용을 절감하고, 더 빠른 시장 진입이 가능해진다. 또한, 협력적 혁신 모델을 통해 대기업은 판매, 스핀오프, 라이선싱 등을 활용하여 새로운 수익 창출 기회를 얻으며, 이를 통해 추가적인 성

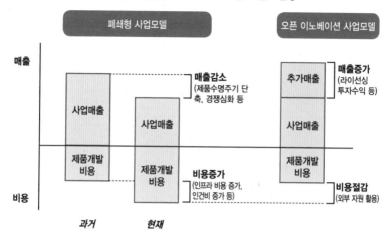

[매출·비용 관점의 폐쇄형 모델 및 오픈 이노베이션 사업모델]

출처: 하버드 비즈니스스쿨 자료를 활용하여 저자 작성

장을 도모할 수 있게 된다.

전세계 전기차 1위 기업 테슬라(Tesla)는 비용 절감과 기술 혁신을 동시에 달성한 대표적인 기업이다. 테슬라는 배터리 기술을 개선하기 위해 파나소닉(Panasonic)과의 협력을 통해 성과를 거두었다. 이를 통해 테슬라는 자체적으로 개발하기에 많은 시간과 비용이 소요될 수 있었던 배터리 기술을 외부 파트너와 협력하여 효율적으로 개선할 수 있었으며, 생산 비용을 절감하는 동시에 제품의 성능을 높이는 데 성공했다. 이 협력은 테슬라가 전기차 시장에서 선두 자리를 지키고, 더 많은 차량을 생산할 수 있는 기반을 제공했다. 테슬라와 파나소닉의 협력은 오픈 이노베이션을 통해 비용 절감과 기술 혁신을 동시에 달성할 수 있음을 잘 보여주는 사례다.

이와 같이 오픈 이노베이션은 대기업의 기술력 강화, 조직문화 혁신, 비용 절감 등 여러 방면에서 긍정적인 효과를 가져올 수 있다. 이러한 효과들은 대기업이 빠르게 변화하는 시장 환경에서 경쟁력을 유지하고 지속 가능한 성장을 이룰 수 있도록 도와준다.

● 스타트업 관점

오픈 이노베이션은 스타트업이 빠르게 성장할 수 있는 중요한 기회를 제공한다. 이는 스타트업의 경쟁력 확인, 사업 리소스 확보, 업무 체계 정립과 조직역량 강화에 중요한 영향을 미친다.

자사 경쟁력의 확인

스타트업은 대기업과의 오픈 이노베이션을 통해 자사의 경쟁력을 확인할 수 있는 기회를 갖게 된다. 스타트업은 혁신적인 아이디어와 기술을 보유하고 있지만, 이를 시장에서 어떻게 적용하고 경쟁력을 유지할 수 있을지에 대한 확신이 부족할 수 있다. 대기업과의 협업을 통해 자신들의 제품이나 서비스가 실제 시장에서 어떤 반응을 얻을 수 있을지 테스트하고, 이를 기반으로 자사의 강점과 약점을 명확히 파악할 수 있다.

또한, 대기업과의 협업과정에서 그들의 피드백을 통해 제품이나 서비스의 개선점을 발견하고, 이를 반영하여 경쟁력을 강화할 수 있다.

이 과정에서 스타트업은 대기업의 넓은 네트워크와 시장 경험을 활용하여 더 나은 전략을 수립할 수 있다. 대기업과의 협업 과정에서 수립하고 확보한 시장 진입 전략, 고객 피드백, 기술 검증 등의 경험은 스타트업이 독립적으로 시장에 나갈 때 큰 자산이 된다. 오픈이노베이션 활동을 통하여 스타트업은 자사의 핵심 경쟁력을 강화하고, 실제 시장에서의 경쟁력을 객관적으로 평가할 수 있는 기회를 얻게 되는 것이다.

카카오(Kakao)와의 협업을 통해 '두나무'가 자사의 블록체인 기술을 검증한 사례가 있다. 가상자산거래소 업비트를 운영하는 두나무는 카카오의 블록체인 플랫폼과의 협력을 통해 자사 기술이 실제 금융 시장에서 어떻게 작동하는지를 검증하고, 이를 통해 경쟁력을 강화할 수 있었다. 그들은 이러한 협력으로 시장에서 자사의 기술적 우위와 경쟁력을 확인하였고, 이를 바탕으로 더 나은 성장을 이끌어내는 중요한 기회로 활용하였다.

사업 리소스 확보

대부분의 스타트업이 제한된 인적 · 물적자원으로 인해 성장에 어려움을 겪는다. 대기업과의 오픈 이노베이션 협업은 이러한 문제를 해결하는 데 큰 도움이 될 수 있다. 대기업은 자금, 기술, 인력 등 다양한 자원을 스타트업에게 제공할 수 있으며, 이를 통해 스타트업은 필요한 리소스를 확보하고 성장을 가속화할 수 있다. 예를 들어, 대기업의 R&D 시설을 활용하거나, 대기업의 마케팅 채널을 통해 제품을 홍보하는 것이 가능해지는 것이다.

또한, 대기업의 네트워크를 통해 새로운 시장에 진출하거나, 대규모 고객 기반을 확보하는 데 도움을 받을 수 있다. 이러한 리소스 확보는 스타트업이 더 큰 성과를 내고, 시장에서의 입지를 강화하는 데 중요한 역할을 한다. 대기업과의 협업은 단순한 자금 지원을 넘어, 스타트업이 성공적으로 성장하는 데 필요한 많은 리소스를 포괄한다. 예를 들어, 기술 개발 단계에서 대기업의 연구 인프라를 활용하거나, 법무, 회계 등 지원 서비스에서 대기업의 전문성을 활용할 수 있다. 이러한 종합적인 리소스 지원은 스타트업이 시장에서 빠르게 성장하고 성공할 수 있는 토대를 마련해준다.

삼성전자는 2012년부터 C랩(C-lab)이라고 하는 창업지원 프로그램을 운영하였다. 초기에는 사내벤처를 육성하고자 하는 취지로 운영되었으나 2018년부터는 외부 스타트업을 지원하는 'C-Lab 아웃사이드' 프로그램을 추가로 운영하였다. 이 프로그램을 통해 삼성전자는 다양한 스타트업에게 자금, 연구 인프라, 마케팅 지원 등을 제공하며, 스타트업들이 필요한 자원을 쉽게 확보할 수 있도록 돕는다. 이러한 지원에 힘입어 스타트업이 시장에서 더 큰 성과를 내고 있는데, 2025년 전세계 최대 가전 전시회인 CES에서 C랩 육성 스타트업은 1개의 최고혁신상과 11개의 혁신상을 수상했다.

업무 체계정립과 조직역량 강화

대부분의 스타트업은 참신한 아이디어와 충만한 열정으로 출발한다. 체계적인 조직 운영 경험이나 인프라가 부족할 수 밖에 없다. 초창기에는 빠른 성장을 목표로 하기 때문에 체계적인 프로세스보다는 즉각적인 성과를 추구하는 경향이 강하다. 이로 인해 프로젝트 관리, 품질 관리, 인사 관리 등을 위한 시스템을 구축할 시간이 부족하거나, 이를 체계화할 리소스가 부족한 경우가 많다. 따라서 업무관리 체계가 분명하게 구분되지 않고, 효율적인 업무 배분이 이루어지기 어렵다. 특히, 경영 노하우가 부족하거나 체계적인 프로세스를 구축할 시간과 자금이 부족해 불안정한 운영 방식을 개선하지 못하는 경우가 많다. 이러한 이유로 스타트업은 초기 단계에서 업무 체계가 불완전하고, 그로 인해 역량을 발휘하기 어려운 경우가 많다.

이런 상황에서 대기업과의 협업은 스타트업이 이 같은 어려움을 극복할 수 있는 중요한 기회를 제공한다. 대기업은 오랜 시간 축적된 경영 노하우와 체계적인 업무 프로세스를 스타트업과의 협력 과정에서 전수할 수 있다. 예를 들어, 대기업은 스타트업에 프로젝트 관리, 품질 관리, 인사 관리 등의 각종 사례와 노하우를 공유하여, 스타트업이 보다 효율적이고 안정적인 운영 체계를 갖출 수 있도록 돕는다. LG전자, KT와 같은 대기업들은 자사의 스타트업 육성 프로그램을 통해 스타트업들이 경영 관리, 품질 관리 등 다양한 경영 노하우를 학습할 수 있는 기회를 제공하고 있다. 이러한 협업은 스타트업이 효율적으로 운영되도록 돕고 성장과정에서 겪는 어려움을 완화하는데 기여한다.

더 나아가, 대기업과의 협업을 통해 스타트업은 내부 조직 역량을 강화할 수 있다. 대기업의 데이터 관리 시스템, 성과 평가 방법, 리더십 개발 프로그램 등을 일부 채택함으로써 조직 운영의 전반적인 수준을 높일 수 있다. 이는 단기적인 성과를 넘어 장기적으로 지속 가능한 성장을 가능하게 하는 중요한 토대가 된다.

이처럼, 스타트업은 대기업과의 협업을 통해 부족한 체계를 정립하고, 조직의 효율성을 높여 장기적인 성장을 도모할 수 있다. 이러한 경험은 스타트업이 안정적인 조직의 형태로 발전하는 데 긍정적인 역할을 한다.

2-3

오픈 이노베이션의 유형

오픈 이노베이션의 개념을 처음 제시한 헨리 체스브로는 오픈 이노베이션을 아웃사이드 인(Outside-in)과 인사이드 아웃(Inside-out)의 두 가지 유형으로 구분하였다. 두 유형은 기업이 외부 자원과 지식을 기업 내부에서 어떻게 활용하고, 회사의 내부 자원을 어떻게 외부에서 활용하는지에 따라 구분된다.

[오픈 이노베이션의 유형]

유형	설명	주요형태
아웃사이드 인 (Outside-In, 내향형)	외부의 아이디어, 기술, 지식 등을 내부로 도입하여 기업활동에 활용	공동 상품개발, M&A, 공모전 등
인사이드 아웃 (Inside-Out, 외향형)	내부에서 개발된 기술이나 지식, 사업역량을 외부와 공유하고 별도 사업화 추진	기술 라이선싱, 스핀오프, 특허공유 등

출처: 헨리체스브로 'Open Innovation'

● 아웃사이드 인(내향형) 오픈 이노베이션

아웃사이드 인(Outside-In) 오픈 이노베이션은 외부의 아이디어와 기술, 지식 등을 기업 내부로 도입하여 활용하는 방식이다. 혁신의 방법이 기업 외부에서 내부를 향하기에 '내향형 혁신'이라고도 한다. 이를 통해 기업은 혁신 속도를 높이고 내부 역량을 강화할 수 있는데 다음과 같은 특징을 가진다. 첫째, 외부의 혁신적인 자원과 기술을 기업 내부로 유입하여 내부 연구개발 능력을 증대시킨다. 예를 들어, 외부 스타트업, 대학, 연구소 등으로부터 첨단 기술을 도입함으로써 기업은 기존에 가지고 있던 R&D 한계를 극복할 수 있다. 둘째, 외부 파트너와의 협력을 통한 공동 연구개발이 활발히 이루어진다. 기업은 이러한 협력을 통해 새로운 기술을 개발하거나 제품을 개선하는 데 집중하여 궁극적으로 자신들의 제품경쟁력을 강화할 수 있다. 셋째, 외부에서 이미 개발된 기술을 라이선싱하거나 기술을 이전받아 활용함으로써 제품 개발 시간을 단축할 수 있다. 이를 통해 제품 출시를 앞당기고, 시장 선점의 가능성을 높일 수 있다.

아웃사이드 인 오픈 이노베이션에서 공모전이나 경진대회는 외부의 혁신적인 아이디어를 기업으로 유입시키는 유용한 수단이 된다. 예를 들어, 삼성전자, LG전자, 현대자동차와 같은 대기업들은 정기적으로 오픈 이노베이션 공모전이나 경진대회를 개최해 외부 인재와 혁신적인 기술을 탐색하고, 그 과정에서 유망한 기술을 확보하는 데 성과를 거두고 있다. 이러한 대회를 통해 기업은 비용을 절감하면서도 다양한 창의적인 아이디어를 빠르게 수집할 수 있으며, 참가자들은 자신들의 기술을 대기업에 소개할 기회를 얻게 된다.

현대자동차는 아웃사이드 인 오픈 이노베이션 전략을 적극 활용하여 자율주행 및 전기차 기술 분야에서 혁신을 주도하고 있다. 이러한 접근 방식은 외부의 혁신적인 기술과 아이디어를 내부로 유입시켜 기업의 경쟁력을 강화하는 데 초점을 맞추고 있다. 미국의 자율주행 스타트업 오로라(Aurora)에 대한 2천만 달러 규모의 전략적 투자는 이러한 노력을 대표하는 사례로 볼 수 있다. 현대자동차는 오로라의 첨단 자율주행 기술을 자사의 차량에 통합하고, 자율주행 솔루션을 강화하는 등 기술적 경쟁력을 크게 높였다. 또한 현대자동차는 매년 '오픈 이노베이션 라운지'라는 스타트업 협업 프로젝트를 진행하며 우수한 스타트업 발굴은 물론 자신들과의 실제 사업과 전방위적으로 협력을 추진하고 있다.

삼성바이오로직스 역시 바이오 의약품 개발 분야에서 혁신적인 전략을 구사하고 있다. 바이오 분야에서의 연구가 활발한 많은 대학 및 연구소와의 전략적 협력을 통해 최신 연구 결과를 적극적으로 도입하고, 이를 바탕으로 내부 R&D 역량을 크게 확장하는 데 성공했다. 특히 서울대학교, 연세대학교 등 생명공학 분야에서 선도적인 위치에 있는 대학들과 인재육성 및 공동연구를 위한 MOU를 체결하여 산학협력의 새로운 모델을 제시하고 있다. 이러한 노력은 바이오 분야의 우수한 인재를 조기에 확보하고, 다양한 산학협력 프로젝트를 통해 실질적인 성과를 창출하는 데 초점을 맞추고 있다. 이는 단순히 연구

[현대자동차 및 삼성바이오로직스의 내향형 오픈 이노베이션 활동]

출처: 각사별 보도자료

역량 강화에 그치지 않고, 삼성바이오로직스가 글로벌 바이오 시장에서 경쟁력을 높이고 미래 성장 동력을 확보하는 데 중요한 역할을 하고 있다.

● 인사이드 아웃(외향형) 오픈 이노베이션

인사이드 아웃(Inside-Out) 오픈 이노베이션은 기업이 내부에서 개발한 기술이나 지식을 외부와 공유하고 상업화하는 방식이다. 혁신의 방법이 기업 내부에서 외부를 향하기에 '외향형 혁신'이라고도 한다. 이 방식을 통해 기업은 내부 자산을 외부 파트너와 공유하거나 상업화하여 추가적인 수익을 창출하고, 자사의 기술을 더 넓은 시장에서 활용할 수 있도록 하는데 다음과 같은 특징을 가진다. 첫째, 사업협력의 접점을 확대하는 특징이 있다. 기업은 자사가 보유한 기술과 지식을 외부 파트너와 공유함으로써 자연스럽게 외부 파트너들과 더 많이 접하고 협력하면서 새로운 성장의 기회를 마련하는 것이다. 둘째, 기업이 보유한 기술을 외부 기업에 라이선싱하여 상업적 활용을 촉진한다. 이를 통해 기업은 외부 기업들이 자신들의 기술을 활용하게 함으로써 신규 매출을 만들어내는 기회를 가진다. 셋째, 내부에서 개발된 기술을 바탕으로 사내벤처 등의 형태로 기업내부에서 육성한 후에 분사(스핀오프)하여 재무적 성과를 만들어 낼 수 있다. 이처럼 회사 내부의 기술과 역량을 외부로 확장해 더 많은 기회를 창출하는 것이 외향형 오픈 이노베이션의 핵심이라 할 수 있다.

테슬라의 최고경영자인 일론 머스크(Elon Musk)는 사업초기부터 테슬라가 개발한 전기차와 관련된 기술특허를 외부에 무상으로 공개해왔다. 공개된 특허 가운데는 전기자동차의 핵심기술인 전기 모터 충전기술, 전원관리 소프트웨어 관련 특허와 같은 핵심 특허가 다수 포함되었다. 일반적인 회사관점에서 보면 자신들의 핵심기술 역량을 노출함으로써 경쟁사에게 유리한 조치라고 생각 될 수 있을 것이다. 하지만 일론 머스크는 자동차 시장 전체를 내연기관 자동차로부터 전기차로 빠르게 전환하는 것이 장기적으로 자사에게 유리하다고 판단한 것이다. 이렇게 공개된 테슬라의 특허를 통해 스타트업을 포함한 자동차 및 배터리 관련 기업들이 전기차에 대한 연구를 더 활발히 하게 되었고 테슬라의 기술을 토대로 만들어 기술 중 일부를 다시 테슬라가 채택함으로써 테슬라의 교섭권과 경쟁력을 강화할 수 있게 되었다.

또한, 구글(Google) 역시 자사의 인공지능(AI) 프레임워크인 텐서플로우(TensorFlow)를 오픈소스로 공개함으로써 외향형 오픈 이노베이션의 대표적 성공 사례를 만들었다. 구글이 텐서플로우를 공개함으로써 전

세계의 AI 개발자들이 구글의 인공지능 기술을 활용할 수 있었고, 구글은 글로벌 AI 생태계를 구축하며 자사 기술의 영향력을 더욱 확장할 수 있었다.

국내 기업 중 외향형 오픈 이노메이션의 사례로 KT를 꼽을 수 있다. KT는 IoT 등 자사의 네트워크 기술을 포함한 여러 핵심 기술을 스타트업과 중소기업들에게 적극 개방하였고 테스트베드까지 제공하였다. 이러한 기술을 활용해 다양한 산업군에서 새로운 솔루션을 개발할 수 있도록 지원하고 있는 것이다. 특히 5G 기반의 스마트 시티, 자율주행, IoT 등 다양한 분야에서 자사의 기술을 공유함으로써, 파트너사들의 비즈니스 모델 설계에 도움을 주고 있다.

이러한 외향형 오픈 이노베이션 사례는 내부 기술 또는 역량을 외부에 공개하는 것이 해당회사 뿐 아니라 전체 산업에 긍정적인 영향을 미치고 있는 것을 잘 보여준다.

2-4

오픈 이노베이션의 저해요인

오픈 이노베이션은 혁신을 촉진하고, 외부 자원을 통해 새로운 기회를 창출할 수 있는 유용한 경영 전략이지만, 그 도입과 실행 과정에서 여러 저해 요인이 존재할 수 있다. 기업들이 오픈 이노베이션을 추진할 때 흔히 직면하는 문제는 행정적, 재정적, 지식 부족, 마케팅 및 조직문화적 충돌 등 다양하다. 로데르담 경영대학에서 오픈 이노베이션을 연구한 브란데(Vrande)교수는 네덜란드 기업을 대상으로 오픈 이노베이션을 저해하는 요인을 연구하였다.

브란데 교수는 오픈 이노베이션 저해요인을 다음과 같이 구분하였다.

[오픈 이노베이션의 저해요인]

구 분	내 용
행정적 문제 (Administration)	관료주의, 행정지원의 부담, 규정의 충돌
재정적 문제 (Finance)	예산확보 문제
지식 (Knowledge)	기술적 지식 및 법적/행정적 지식 부족
마케팅 (Marketing)	불충분한 마케팅 전문성, 제품 또는 마케팅 문제
조직문화 (Organization Culture)	일상업무와 혁신업무의 부조화, 파트너와의 의사소통 문제
자원 (Resource)	혁신에 소요되는 비용 및 시간
지적재산권 (IPR)	혁신결과물의 소유권 문제, 타기업과 협력 시 이용권리
파트너 수준 (Quality of partners)	기대수준 이하의 파트너 역량, 기한 내 과업 미이행
수용 (Adoption)	고객 요구사항에 대한 잘못된 수용
시장수요 (Demand)	고객수요가 매우 세분화되어 이를 충족시키지 못할 우려
경쟁력 (Competence)	직원의 지식과 역량 부족, 노동 유연성 부족
조직헌신 (Commitment)	직원의 헌신부족과 변화에 대한 저항
아이디어 관리 (Idea Management)	직원의 다양한 아이디어에 대한 경영자의 지원부족

출처: 브란데(2009) Open innovation in SMEs

위에 언급된 저해요인들은 큰 틀에서 재정적 요인, 제도적 요인, 지적재산권 요인으로 나누어 볼 수 있다.

● 재정적 요인

오픈 이노베이션을 추진하기 위해서는 초기비용 발생이 불가피하다. 비록 오픈 이노베이션이 외부 파트너와의 협력을 통해 비용을 절감하거나 혁신을 가속화할 수 있지만, 초기에는 내부 인력을 대신하여 외부 자원을 활용하는 데에 따른 비용 부담이 발생한다. 내부적으로는 기존 사업이나 제품 개발에 자원을 투자해야 하는 상황에서, 단기적인 성과를 내기 어려운 혁신 프로젝트에 예산을 투입하는 것에 대한 반발이 있을 수도 있다. 따라서 재정적 제약은 오픈 이노베이션을 저해하는 주요 요인 중 하나로 작용한다.

● 제도적 요인

서로 다른 조직들이 협력할 때, 두 조직의 업무 방식이나 성과 평가 방식, 연구 방식이 차이를 보일 수밖에 없다. 이로 인해 오픈 이노베이션의 산출물에 대한 인식 차이, 성과 평가 방식의 차이, 행정적 마찰이 발생할 수 있다. 특히 대기업과 스타트업 간의 협력에서는 이런 문제가 자주 발생 될 수 있으며, 각기 다른 기업문화와 프로세스의 차이가 혁신의 속도를 늦추는 저해요인으로 작용할 수 있는 것이다.

● 지적 재산권 문제

오픈 이노베이션 과정에서 자주 발생하는 문제 중 하나는 지적 재산권(IP) 관련 분쟁이다. 협력 과정에서 생성된 기술이나 아이디어에 대한 소유권, 특허 문제는 기업 간의 협력 관계를 저해할 수 있다. 이에 덧붙여 각 파트너가 혁신에 기여한 정도와 협력 과정에서 얻은 정보나 사업적 노하우를 어떻게 사용할지에 대한 명확한 합의가 부족하면, 협력이 종료된 이후에 문제가 발생할 가능성이 존재한다.

이러한 저해요인들을 해결하고 예방하기 위해서는 서로에 대한 충분한 이해가 선행되어야 한다. 그리고 오픈 이노베이션 추진 시에 명확한 협력구조와 업무체계, 그리고 협업결과에 대한 상호 합의된 목표설정이 필요하다. 그리고 이러한 내용에 대해서는 합의서나 계약서의 형태로 명문화 하는 것이 중요하겠다.

1. 오픈 이노베이션의 정의

오픈 이노베이션은 헨리 체스브로 교수가 제시한 개념으로, 기업이 혁신과 성장을 위해 외부의 지식, 기술, 자원을 적극적으로 활용하는 전략이다. 내부의 자원만으로는 대응하기 어려운 빠른 기술 변화와 시장 요구에 적응하기 위해, 기업들은 외부 협력을 통해 혁신을 가속화하고 경쟁 우위를 확보할 수 있다는 것이 핵심이다.

2. 오픈 이노베이션의 유형

오픈 이노베이션은 내향형(Outside-in) 혁신과 외향형(Inside-out) 혁신 두 가지 유형으로 나뉜다. 내향형 혁신은 외부의 아이디어나 기술을 내부로 도입하여 혁신을 이루는 방식이며, 외향형 혁신은 내부의 자산을 외부와 공유하여 수익을 창출하고, 더 넓은 시장에서 활용될 수 있게 하는 방식이다. 두 유형 모두 외부 자원과의 협력을 통해 새로운 기회를 창출하는 데 중점을 둔다.

3. 폐쇄형 혁신 vs 개방형 혁신

폐쇄형 혁신은 전통적인 방식으로, 모든 개발과 혁신 활동을 기업 내부에서 수행한다. 이는 외부의 영향을 받지 않도록 통제력을 강화하는 장점이 있지만, 자원을 내부에서만 조달해야 하므로 더 많은 비용과 시간이 소요되는 한계가 있다. 반면, 개방형 혁신은 외부 기술과 아이디어를 받아들여 변화에 유연하게 대응하고, 다양한 외부 자원을 활용하여 혁신의 속도와 범위를 넓힐 수 있는 장점이 있다.

4. 오픈 이노베이션의 효과

오픈 이노베이션은 대기업과 스타트업 모두에게 혁신과 성장을 위한 강력한 도구다. 대기업은 기술력 강화, 조직문화 개선, R&D 비용 절감을 통해 경쟁력을 높일 수 있으며, 스타트업은 자원 확보, 시장 경쟁력 확인, 업무 체계 및 조직 역량 강화를 도모할 수 있다.

5. 오픈 이노베이션과 린 스타트업

오픈 이노베이션과 린 스타트업은 신속한 피드백과 자원 활용의 효율성을 강조한다. 린 스타트업은 빠르게 시제품을 테스트하며 고객 피드백을 반영하고, 오픈 이노베이션은 외부 자원을 통해 짧은 시간 안에 혁신을 달성할 수 있게 한다.

6. 오픈 이노베이션의 저해요인

오픈 이노베이션을 추진하는 과정에는 재정적 부담, 제도적 차이, 지적 재산권 문제와 같은 저해 요인이 존재한다. 이러한 문제를 해결하기 위해서는 명확한 협력 구조와 상호 이해가 필요하며, 협력 과정에서 발생할 수 있는 분쟁을 예방하기 위해 협력 내용을 명문화하는 것이 중요하다.

제 3 장

Korea
오픈 이노베이션

대한민국의 오픈 이노베이션 생태계는 독특한 발전 과정을 거쳐 왔다. 1990년대 말 IMF 경제 위기를 기점으로, 한국은 대기업 중심의 폐쇄적 혁신 모델에서 벗어나 기업 외부에 존재하는 다양한 주체들과의 협업을 통한 혁신 전략을 도입하기 시작했다. 정부의 정책적 지원과 대기업의 적극적인 참여가 이러한 변화를 촉진했다. 그러나 오픈 이노베이션과 관련된 이론 정립이나 정책적 환경은 여전히 미성숙한 상태다. 이로 인해 벤처기업이나 스타트업들은 중견기업 및 대기업과의 협력에 어려움을 호소하고 있으며, 대기업 역시 사용하는 예산에 비하여 오픈 이노베이션을 통해 의미 있는 성과를 만들어 내는 데 난관을 겪고 있다. 기업에 따라서는 오픈 이노베이션을 일종의 사회공헌 활동으로 생각하는 경우도 많다. 오픈 이노베이션의 성공적인 정착과 발전을 위해서는 생태계 전반에 걸친 체계적인 접근과 지속적인 개선 노력이 필요한 상황이다.

이번 장에서는 대한민국 오픈 이노베이션 생태계의 주요 특징과 함께, K-오픈 이노베이션의 실제 사례들을 통해 이 생태계가 어떻게 작동하고 있는지 살펴볼 것이다. 특히, 저자의 경험을 바탕으로 대기업이 오픈 이노베이션을 추진하는 과정에서 직면한 도전과 그 극복 방안을 논의하고자 한다. 이를 통해, 스타트업을 포함한 다양한 이해관계자들에게 오픈 이노베이션의 성공적인 실행을 위해 필요한 시사점을 제공하고자 한다.

3-1

오픈 이노베이션 이해관계자

대한민국의 오픈 이노베이션 생태계는 다양한 이해관계자들로 구성된 복합적인 시스템이다. 오픈 이노베이션의 주체들은 오픈 이노베이션의 활성화와 성공을 위한 각자의 역할을 담당하고 상호 긴밀하게 연결되어 협업을 통해 혁신을 촉진하고 있다. 주요 이해관계자로는 대기업, 엑셀러레이터, 벤처캐피탈, 정부 및 지원기관 그리고 스타트업이 포함되며, 이들은 각자의 위치에서 생태계의 지속적인 발전에 기여한다. 각 주체는 오픈 이노베이션 생태계 안에서 고유의 역할과 기능을 수행한다. 지금부터 이들 주체들의 현황과 기능을 구체적으로 살펴보고자 한다.

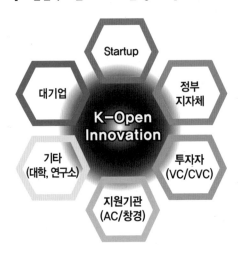

● 대기업

대한민국의 대기업들은 글로벌 시장에서 경쟁력을 유지하고 변화하는 기술 트렌드에 대응하기 위해 오픈 이노베이션에 적극적으로 임하고 있다. 외부의 혁신적인 아이디어와 기술을 수용함으로써 제품 개발 주기를 단축하고, 기술적 우위를 확보하는 데 주력하고 있는 것이다. 이를 위해 일부 대기업들은 오픈 이노베이션 전담 부서를 운영하거나, 기업주도형 벤처캐피털(CVC, Corporate Venture Capital)를 통해 벤처투자에 나서며, 혁신적인 스타트업과 협력하여 새로운 성장동력을 만들어 내고자 하는 노력을 기울이고 있다.

국내 오픈 이노베이션 여건상 오픈 이노베이션 활동은 대기업이 주도하는 경우가 많다. 대기업들은 스타트업과 중소기업에 기술 지원, 연구개발 자원, 마케팅 채널 등을 제공하여 스타트업이 보다 넓은 시장에 접근할 수 있도록 지원한다. 사업적으로는 스타트업과의 공동 제품 개발 및 상용화를 통해 상호 간의 시너지를 극대화할 수 있는 협력의 장을 마련한다. 대기업의 풍부한 자원과 경험은 스타트업이 직면한 초기 자본 문제와 시장 진입 장벽을 극복하는 데 중요한 역할을 하며, 이러한 협력은 대기업의 혁신 속도를 가속화하고 새로운 시장을 개척하는 데 기여하고 있다.

한편으로는 대기업의 오픈 이노베이션 전략에 개선의 여지도 존재한다. 대기업이 주도하는 오픈 이노베이션은 종종 대기업의 필요에 맞춘 협력 방식에 치중하는 경향이 있어, 스타트업의 독창성과 자율성을 충분히 보장하지 못할 때가 있다. 또한, 대기업 내부의 관료주의와 느린 의사결정 구조는 스타트업의 빠른 실행 속도와 충돌할 수 있으며, 이는 오픈 이노베이션의 본질적인 이점인 민첩성을 저해할 수 있다. 따라서 대기업은 스타트업과의 협력에서 보다 유연하고 상호 이익을 극대화할 수 있는 구조를 마련할 필요가 있다.

궁극적으로 대기업이 오픈 이노베이션을 통해 더 큰 성공을 거두기 위해서는 외부 혁신을 받아들이는 과정에서 스타트업의 독립성과 창의성을 존중하고, 내부 프로세스를 개선하여 보다 빠르고 효과적인 협력이 가능하도록 지속적인 개선 노력이 필요하다.

스타트업 생태계 활성화를 위한 비영리단체인 스타트업얼라이언스와 설문조사 전문 스타트업 오픈서베이는 매년 스타트업 생태계 구성원들의 인식조사를 진행하고 있다. 이 조사에 따르면 스타트업 창업자들은 스타트업에 대한 지원과 협력에 적극적인 기업으로 네이버, 카카오를 꼽았다. 아무래도 기업의 전체적인 규모 보다는 스타트업으로부터 시작하여 스타트업의 DNA를 간직하고 있는 네이버와 카카오가 스타트업 생태계 구성원들에게 긍정적으로 인식되고 있는 것으로 보인다.

[스타트업 투자 · 지원에 적극적인 기업인식]

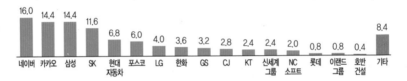

출처: 스타트업 트렌드 리포트 2024 by 스타트업얼라이언스 & 오픈서베이, 단위 %

● **엑셀러레이터(Accelerator, AC)**

엑셀러레이터는 초기 스타트업을 발굴하고 짧은 기간 동안 집중적인 멘토링과 일부 자금을 지원하여 성장을 촉진하는 역할을 수행한다. 대한민국에는 블루포인트, 소풍, 씨엔티테크 등 다양한 엑셀러레이터들이 활발히 활동하고 있으며, 이들은 초기 단계 스타트업에 자금을 투자하여 스타트업의 성장 기반을 마련하고, 필요한 멘토링과 네트워킹 기회를 제공함으로써 스타트업의 빠른 성장을 지원한다.

예를들어 '블루포인트'는 기술 중심의 스타트업들을 발굴하여 맞춤형 지원 프로그램을 제공하며, 기술 혁신을 기반으로 한 성장을 촉진하는 데 주력하고 있다. 스타트업들이 초기부터 기술 개발과 상업화에 성공할 수 있도록 비즈니스모델 컨설팅 벌률지원 인적네트워크 형성 등 스타트업의 성장에 필요한 다양한 지원으로, 그들의 빠른 성장을 도모하고 있다.

'소풍'이라는 엑셀러레이터는 사회적 문제 해결에 중점을 둔 소셜 스타트업을 발굴하고 육성하는 데 집중하고 있다. 소풍은 소셜 임팩트를 창출할 수 있는 혁신적인 스타트업에 맞춤형 지원을 제공하며, 이들이 사회적 가치를 실현하면서도 비즈니스적으로 성공할 수 있도록 다각도로 돕는다. 이러한 엑셀러레이터의 노력은 단순히 경제적 성과에 그치지 않고, 사회적 가치 창출과 함께 혁신 생태계를 더욱 풍요롭게 만드는 데 기여하고 있다.

엑셀러레이터는 단순히 멘토링과 네트워킹만 제공하는 것이 아니라, 초기 스타트업을 대상으로 직접 투자를 진행하기도 한다. 벤처캐피털(VC)이 어느정도 성장 궤도에 오른 스타트업에 대하여 자금을 투자하는 것과 달리, 엑셀러레이터는 초기 단계의 스타트업에 집중하여 비교적 소규모 자금을 투자한다. 일부 대형 엑셀러레이터는 수백여 개의 스타트업에 대해 적게는 수천만 원에서 많게는 수억 원까지의 투자를 진행하며, 초기스타트업들의 자금 조달에 큰 역할을 담당하고 있다.

액셀러레이터협회 따르면 2023년 말 기준으로 국내에 등록된 액셀러레이터는 총 461개사에 달하고 있다. 이중 투자를 집행한 액셀러레이터는 362개사이며 그들의 누적투자금은 2.7조원에 이르며 2023년도에만 1,631개 스타트업에 투자를 집행한 것으로 나타났다.

[스타트업 투자상위 엑셀러레이터 10개사 (2023년도 투자기업 수 기준)]

엑셀러레이터명	투자기업 수	엑셀러레이터명	투자기업 수
씨엔티테크	71	프라이머시즌5	39
블루포인트파트너스	71	한국투자엑셀러레이터	37
스마일게이트 인베스트먼트	59	엠와이소셜컴퍼니	37
인포뱅크	52	퓨처플레이	36
더벤처스	45	더인벤션랩	32

출처: 초기투자엑셀러레이터협회

엑셀러레이터는 오픈 이노베이션 활동의 가교 역할을 한다. 대기업 및 공공기관의 오픈 이노베이션 프로그램 운영사의 역할을 많이 담당하기 때문이다. 대기업과 공공기관은 엑셀러레이터를 통해 외부의 혁신적인 아이디어를 발굴하고, 이를 자사 또는 특정지역의 혁신과 창업생태계를 활성화하는 구조를 마련한다. 이를 통해 스타트업과의 협력을 강화하고, 스타트업에게 혁신적인 비즈니스 모델이나 기술을 신속하게 상용화할 수 있는 기회를 제공한다.

또한 엑셀러레이터들은 데모데이와 같은 행사를 통해 스타트업들이 자신의 사업을 투자자와 일반 대중 앞에서 선 보일 수 있는 무대를 제공하기도 한다. 이를 통해 스타트업이 투자자와 연결되기도 하고 각종 홍보를 통해 대중적인 인지도를 쌓아갈 수 있도록 해준다. 이러한 활동을 통하여 엑셀러레이터는 초기 스타트업을 육성하고 그들의 생존 및 성공 가능성을 높이는데 중추적인 역할을 담당한다.

그러나 엑셀러레이터의 활동에도 개선의 여지가 있다. 스타트업의 다양한 성장 단계와 산업별 특성을 고려한 더욱 맞춤화된 프로그램 개발이 요구된다. 또한 글로벌 시장 진출을 위한 지원 강화와 장기적인 관점에서의 멘토링 및 네트워킹 확대 등을 통해 스타트업의 지속 가능한 성장을 더욱 효과적으로 지원할 수 있을 것이다. 이러한 노력을 통해 엑셀러레이터는 한국 스타트업 생태계의 발전에 더욱 큰 기여를 할 수 있을 것으로 기대된다.

● 벤처캐피탈 (Venture Capital, VC)

벤처캐피탈은 성장 가능성이 높은 스타트업에 자금을 투자하고, 스타트업의 각 성장 단계마다 후속 투자를 통해 지속적인 성장을 가능하게 해주는 역할을 수행한다. 우리나라에는 2024년 8월 기준으로 총 247개의 벤처캐피탈사가 존재하며 2023년에는 총 5.4조원 규모로 투자를 진행하였다. 투자 분야별로는 ICT 분야에 가장 많이 투자하고 있으며, 스타트업의 성장단계로서는 창업 7년차 이상의 후기 스타트업에 대한 투자 비중이 높다. 주요 벤처캐피탈로는 KTB 네트워크, 한국투자파트너스, 알토스 벤처스 등이 있으며, 이들은 다양한 산업 분야에서 활발하게 투자 활동을 펼치고 있다. VC는 자금 지원뿐만 아니라, 스타트업의 비즈니스 전략 수립, 마케팅, 인력 채용 등의 경영 전반에 대한 전문적인 조언을 제공하며, 이들의 성공적인 시장 진입과 확장을 돕는다.

그렇다면 벤처캐피탈의 성공적인 투자를 위해 가장 중요한 것은 무엇일까? 그것은 바로 성공가능성이 높은 스타트업을 발굴하는 것이다. 이를 위해서는 산업에 대한 깊은 이해와 전문성이 필수적이다. VC는 각 산업 분야에 대한 전문성을 바탕으로 유망한 스타트업을 식별하고, 투자가능 여부를 파악한 뒤, 투자목적에 따른 투자를 집행한다. VC가 자신들의 투자에 대해 결실을 얻으려면 투자한 스타트업이 계속 성장해야 한다. 이를 위해 VC는 투자한 기업에 전문적인 경영 조언을 제공할 뿐만 아니라, 자사의 광범위한 네트워크를 활용하여 스타트업이 새로운 시장에 진입하거나 전략적 파트너와의 협력을 강화할 수 있는 기회를 제공한다. 이러한 지원은 스타트업이 보다 안정적으로 성장할 수 있도록 돕고, VC는 성공적인 투자를 통해 높은 수익을 기대할 수 있다.

벤처캐피탈의 주요 목표 중 하나는 엑시트(Exit) 전략을 통해 투자 수익을 실현하는 것이다. VC는 스타트업이 상장하거나 인수되도록 하여 투자 자금을 회수하고, 이를 통해 수익을 극대화한다. 예를 들어, 알토스벤처스는 한국의 대표적인 음식 배달 플랫폼 배달의 민족에 초기 투자한 뒤, 2019년 이 회사가 독일의 딜리버리 히어로(Delivery Hero)에 약 4조 7천억 원(약 40억 달러)에 인수되면서 약 20배에 달하는 높은 수익을 거둔 것으로 알려져 있다. 이는 VC가 스타트업의 초기부터 엑시트까지 함께 하면서 큰 가치를 창출할 수 있음을 보여주는 대표적인 사례다.

벤처캐피탈은 단순한 투자자가 아니다. 스타트업의 경영에 도움을 주는 중요한 파트너이기도 하다. 그들의 산업 전문성과 네트워크는 스타트업이 경쟁력을 갖추고 성장하는 데 핵심적인 역할을 한다. 벤처캐피탈의 전문적인 조언과 광범위한 인맥은 스타트업이 시장에서 빠르게 자리잡고 성공할 수 있는 든든한 자산이 된다. 이를 통해 스타트업은 경영 리스크를 줄이고 성장 잠재력을 극대화할 수 있으며, VC는 그들의 역량을 활용해 성공적인 엑시트를 도모함으로써 투자 수익을 극대화할 수 있다. 이러한 점에서 벤처캐피탈은 대한민국 오픈 이노베이션 생태계에서 큰 축을 담당하고 있다.

우리나라 중소기업창업지원법 등에서는 일반적으로 창업 후 7년 이내의 기업을 스타트업으로 간주하는 경우가 많다. 이에 따라 정부의

[피투자기업 업력별 신규 투자현황 (단위:억원)]

구분		2019	2020	2021	2022	2023
초기 (3년 이하)	금액	20,125	21,729	30,585	33,594	26,808
	비중	26.7%	26.8%	19.2%	26.9%	24.6%
중기 (3~7년)	금액	25,805	27,169	25,083	42,828	30,709
	비중	34.3%	33.6%	36.4%	34.3%	28.1%
후기 (7년 초과)	금액	29,348	32,064	70,703	48,284	51,616
	비중	39.0%	39.6%	44.4%	38.7%	47.3%
총계		75,278	80,962	159,371	124,706	109,133

출처: 중소벤처기업부

지원정책이나 세제혜택이 7년 차 이내 기업에게 많이 제공된다. 스타트업의 업력별 투자현황을 살펴보면 앞의 표와 같다.

표에서 확인할 수 있듯이, 3년 차 이내 기업에 대한 투자는 20% 초반에 머물고, 7년 차를 초과한 기업에는 40% 후반의 투자가 이루어지고 있다. 벤처캐피탈(VC)은 스타트업 생태계에서 큰 역할을 하고 있지만, 현재의 투자 방식에 개선의 여지가 존재한다. 많은 VC들이 업력이 있는 스타트업에 투자를 집중하는 경향이 높은 부분이 있다. VC라는 업의 속성상 불가피한 부분이 있겠지만 VC들은 엑싯(exit)에만 몰두하기보다는, 스타트업의 성장 단계와 산업별 특성을 고려한 세밀한 맞춤형 투자 전략을 개발해야 한다. 특히 스타트업들의 경험이 부족한 영역, 예를 들어 글로벌 시장 진출이나 신규 비즈니스 모델 개발 등에 대해 적극적인 지원을 제공할 필요가 있다. 더불어 VC들은 단순한 자금 제공자를 넘어 스타트업의 지속 성장을 위한 전략적 파트너로 발전해야 한다. 이를 위해 스타트업과의 장기적인 관계 구축, 산업 전문성을 활용한 멘토링, 그리고 글로벌 네트워크를 활용한 성장 지원 등을 강화해야 한다. 이러한 노력을 통해 VC들은 한국 스타트업 생태계의 글로벌 경쟁력 강화에 더욱 큰 기여를 할 수 있을 것이다.

● 정부 및 지원기관

정부 및 지원기관은 스타트업과 중소기업의 혁신을 촉진하기 위해 다양한 정책과 프로그램을 운영하며, 대한민국의 오픈 이노베이션 생태계를 활성화하는 데 중요한 역할을 하고 있다. 중소벤처기업부, 창업진흥원, 한국콘텐츠진흥원 등 여러 정부 기관과 지원기관은 스타트업 친화적인 환경을 조성하고, 혁신적인 기업들이 성장할 수 있도록 다각적인 지원을 제공한다.

SBA(서울경제진흥원)는 서울 권역의 스타트업과 중소기업들을 위해 중요한 지원 역할을 하고 있다. SBA는 스타트업의 사업화와 성장을 위해 폭넓은 창업 지원 및 오픈 이노베이션 프로그램을 운영한다. 서울창업허브와 같은 스타트업 입주공간과 연구개발 시설, 마케팅 글로벌 진출컨설팅 지원 등을 통해 스타트업들이 경쟁력을 키울 수 있는 환경을 제공하고 있다.

중소벤처기업부와 창업진흥원에서 추진하는 민관협력 오픈 이노베이션 프로그램도 정부와 민간 기업 간의 협력을 통해 스타트업의 혁신을 촉진하는 중요한 매칭 플랫폼으로 자리 잡고 있다. 2024년 하반기에는 KT, 아모레퍼시픽 등 26개사가 본 프로그램에 참여하여 스타트업과 구체적인 협업을 진행했다. 이러한 프로그램들은 대기업의 기술력과 시장 경험을 활용하여 스타트업들이 자사의 혁신적인 솔루션을 더욱 빠르게 상업화할 수 있는 기회를 제공한다.

창조경제혁신센터는 전국에 19개 센터가 설립되어 각 지역의 스타트업과 중소기업을 지원하고 있다. 이 센터들은 지역 내 자원, 인프라 및 후원기업과의 협업을 통하여 지역과 산업특성을 반영하여 혁신적인 스타트업을 발굴하고, 해당 기업들이 성공적으로 사업을 확장할 수 있도록 지원하는 프로그램을 운영한다.

이렇듯 정부 및 지원기관은 스타트업의 연구개발(R&D), 사업화, 글로벌 진출 등에 필요한 자금과 보조금을 제공하고, 창업 공간, 연구개발 시설 등 필수적인 인프라를 지원한다. 또한, 창업경진대회와 네트워킹 행사 등을 개최하여 스타트업들이 투자자 및 협력 파트너와 연결될 수 있는 기회를 제공한다.

창업자들을 대상으로 한 조사 결과에 따르면, 가장 많은 창업자들이 스타트업 투자와 지원에 가장 적극적인 기관으로 창업진흥원을 꼽았으며, 뒤이어 서울경제진흥원(SBA)와 창조경제혁신센터 등을 언급했다.

[스타트업 투자/지원에 적극적인 지원기관 인식]

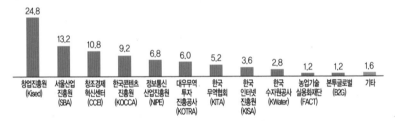

출처: 스타트업 트렌드 리포트 2024 by 스타트업얼라이언스 & 오픈서베이, 단위 %

정부 및 지원기관의 역할에도 개선이 필요한 부분이 있다. 첫째, 지원 프로그램의 효율성을 높이기 위해 중복되는 사업을 정리하고, 각 기관의 전문성을 살린 특화된 지원 체계를 구축해야 한다. 둘째, 스타트업의 성장 단계별로 맞춤형 지원을 강화하여, 초기 단계부터 성숙 단계까지 일관된 지원이 이루어질 수 있도록 촘촘한 지원제도를 운영해야 한다. 셋째, 규제 샌드박스와 같은 혁신적인 정책을 더욱 확대하여, 새로운 기술과 비즈니스 모델이 시장에 빠르게 진입할 수 있는 환경을 조성해야 한다. 마지막으로, 글로벌 시장 진출을 위한 지원을 강화하여, 한국 스타트업의 국제 경쟁력을 높이는 데 주력해야 할 것이다.

● 기업주도형 벤처캐피탈(CVC)

기업주도형 벤처캐피탈(CVC)은 대기업들이 전략적 혁신을 추구하기 위해 스타트업에 투자하는 중요한 수단이다. 일반 벤처캐피탈과 달리 CVC는 단순한 수익 창출을 넘어 전략적 시너지를 목표로 하며, 자사와 협력 가능한 스타트업을 발굴하여 투자한다. 대한민국에서는 삼성벤처투자, 제로원 벤처스, LG테크놀로지벤처스, KT 인베스트먼트 등 다양한 CVC가 활발히 활동하고 있다.

CVC는 스타트업에 자금 지원뿐만 아니라 기술적 지원과 광범위한 네트워크를 제공하여, 스타트업의 빠른 시장 진입과 성장을 돕는다. 예를 들어, LG테크놀로지벤처스는 신재생에너지, 바이오테크, AI 분야 스타트업에 집중 투자하여 자사 기술과의 시너지를 도모하고 있으며, 삼성벤처투자는 기술 중심의 스타트업에 투자하여 삼성의 연구개발 부서와의 협력 기회를 제공한다.

CVC의 전략적 투자에도 몇 가지 한계와 개선의 여지가 존재한다. CVC의 전략적 목표와 맞물린 투자는 스타트업의 창의성과 자율성을 제한할 수 있어, 더욱 유연한 투자 전략이 필요하다. 또한, 대기업의 복잡하고 느린 의사결정 구조가 스타트업의 신속한 성장을 저해할 수 있으므로, 내부 의사결정 프로세스의 간소화와 신속한 지원 체계 마련이 요구된다.

CVC의 투자가 자사와의 전략적 시너지에 국한되어 있어 더 넓은 혁신 생태계 지원에 한계가 있을 수 있다는 점도 개선이 필요하다. 더 포괄적인 투자 전략을 도입하여 스타트업 생태계 전반의 발전을 고려해야 한다. 마지막으로, CVC가 투자한 스타트업이 자사와 경쟁 관계에 놓일 경우 협력의 한계가 발생할 수 있으므로, 사전에 이러한 가능성을 고려하고 양측 모두에게 이익이 되는 협력 구조를 마련해야 한다.

CVC가 더욱 성공적으로 작동하기 위해서는 장기적인 혁신 가치 창출을 목표로 전략을 확대하고, 대기업과 스타트업 간의 협력 모델을 보다 유연하게 조정할 필요가 있다. 이를 통해 CVC는 대한민국의 오픈 이노베이션 생태계에서 중요한 역할을 지속적으로 수행할 수 있을 것이다.

[창업자가 선호하는 CVC 인식]

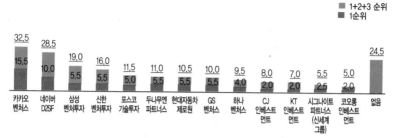

출처: 스타트업 트렌드 리포트 2023 by 스타트업얼라이언스 & 오픈서베이

● 스타트업

　오픈 이노베이션 생태계의 중심에는 스타트업이 있다. 이들은 혁신
적인 아이디어와 기술을 바탕으로 새로운 시장을 창출하며, 경제 성
장을 이끄는 중요한 주체로 자리 잡고 있다. 대한민국의 스타트업들
은 다양한 분야에서 혁신을 이루고 있으며, 신속한 의사결정과 유연
한 조직 구조를 통해 급변하는 시장 환경에 빠르게 대응할 수 있는 장
점을 가지고 있다. 이러한 능력은 고용 창출과 경제 성장에 크게 기여
한다.

　스타트업이 오픈 이노베이션의 핵심 주인공으로 인정받는 이유는
바로 이 때문이다. 엑셀러레이터, 벤처캐피탈, CVC, 정부 및 지원기
관 등 다양한 이해관계자들이 스타트업을 중심으로 협력하며 생태계
를 구축하고 있다. 엑셀러레이터와 지원기관등은 오픈 이노베이션을
촉진하고 성과를 공유하기 위해 많은 행사를 개최한다. 이러한 행사

의 주인공 역시 스타트업이다. 그러나 스타트업은 행사에 초대받는 것에만 만족해서는 안 된다. 이러한 기회는 자신의 사업을 성공적으로 이끄는 수단일 뿐이며, 궁극적으로 중요한 것은 자신의 사업을 성공시키는 것이다.

스타트업에게 가장 중요한 것은 자신의 목표에 집중하고, 오픈 이노베이션 생태계 내 다양한 이해관계자들과 건설적인 협력을 이어나가는 것이다. 성공에 도움이 되는 풍부한 지원이 존재하는 것처럼 보이지만, 실질적인 성공은 스타트업 스스로의 노력과 경쟁력 강화에 달려 있다. 그리고 엑셀러레이터, 벤처캐피탈, CVC와 같은 파트너들과의 협력에서 구체적인 이익을 얻어낼 수 있도록 전략적으로 접근하고 협력하는 것이 필요하다. 이를 통해 스타트업은 지속 가능한 성장을 이루고, 혁신 생태계에서 더욱 강력한 위치를 차지할 수 있을 것이다.

3-2

오픈 이노베이션 주요 행사

전국적으로 오픈 이노베이션을 촉진하기 위한 다양한 유형의 행사가 활발히 개최되고 있다. 이러한 행사들은 스타트업 생태계 활성화에 촉매 역할을 하고 있다. 전시회, 데모데이, 창업경진대회, 네트워킹 행사 등 다양한 형태로 진행되는 이들 행사는 스타트업, 대기업, 투자자, 정부 기관 등 여러 이해관계자들이 한자리에 모여 각자의 사업과 아이디어를 교환하고 협력의 기회를 모색하는 장을 제공한다.

오픈 이노베이션 행사를 통해 혁신적인 비즈니스 모델을 발굴하고, 기업 간 파트너십이 형성되며, 새로운 투자 기회가 창출된다. 이는 단순한 만남의 장을 넘어서는 의미를 지닌다. 이러한 행사들은 대한민국의 오픈 이노베이션 생태계를 글로벌 수준으로 끌어올리는 데 기여하고 있으며, 스타트업과 대기업 간의 혁신적 협력을 강화하는 중요한 계기가 되고 있다.

결과적으로, 이러한 오픈 이노베이션 행사들은 국내 혁신 생태계의 발전과 글로벌 경쟁력 강화에 핵심적인 역할을 하고 있다. 참여자들 간의 상호작용을 통해 새로운 가치가 창출되고, 이는 궁극적으로 한국 경제의 혁신과 성장을 이끄는 원동력이 되고 있다.

● 전시회

전시회는 스타트업들이 자신의 기술과 제품을 전시하고, 투자자, 대기업, 정부 기관 등과 네트워킹할 수 있는 대규모 행사로, 오픈 이노베이션의 중요한 플랫폼 역할을 한다. 전시회 형식으로 진행되는 이 행사에서는 참가 기업들이 부스를 설치해 자신들의 혁신적인 기술과 제품을 소개하고, 수많은 참가자와 관람객들은 전시회에서 모여 다양한 협력과 비즈니스 기회를 탐색할 수 있다. 또한 전시회 주최측에서는 전시회 성격에 부합하는 다채로운 세미나 및 밋업(Meet-up) 등을 제공하여 최신 기술 트렌드와 비즈니스 전략에 대한 정보를 공유할 수 있는 기회를 제공한다.

사례 1 넥스트라이즈 (NextRise)

넥스트라이즈는 대한민국에서 개최되는 가장 큰 규모의 스타트업 전시회 중 하나로, 매년 서울에서 열리고 있다. 이 전시회는 한국무역협회와 KDB산업은행이 공동으로 주최하며, 국내외 스타트업, 대기업, 투자자, 정부 기관 등 다양한 이해관계자가 참여해 혁신의 장을 만들어가고 있다. 특히, 해가 갈수록 전시회의 규모가 커지면서 해외에서 참여하는 스타트업과 투자자들의 수가 점점 늘어나고 있어, 국제적인 행사로서의 위상이 더욱 높아지고 있다.

넥스트라이즈의 프로그램에는 스타트업 전시, 비즈니스 미팅, 세미나, 워크숍 등이 포함되어 있으며, 이를 통해 혁신적인 아이디어와 최신 기술이 소개되고, 참가자들은 투자와 협력의 기회를 모색할 수 있다. 트렌디한 강연과 토크쇼 등을 통하여 업계 전문가들의 통찰을 들으며 비즈니스 역량을 강화할 수 있는 기회를 제공하고 있다.

2024년 넥스트라이즈에는 25,000명이 넘는 참가자와 500개 이상의 스타트업이 참여하였으며, 3,300건 이상의 비즈니스 매칭을 통하여 스타트업과 대기업 및 중견기업이 함께하는 거대한 오픈 이노베이션의 장을 제공하였다. 이러한 대규모 전시회는 한국 스타트업 생태계를 글로벌 무대와 연결하는 중요한 다리 역할을 하고 있으며, 특히 국내 스타트업들이 해외 투자자와 협력 관계를 맺고 국제적인 네트워크를 구축할 수 있는 중요한 행사로 자리매김하고 있다.

[넥스트라이즈]

출처: 넥스트라이즈 홈페이지, 산업일보

사례 2 **컴업 (COMEUP)**

컴업은 중소벤처기업부와 창업진흥원이 주관하는 글로벌 스타트업 페스티벌로, 매년 4분기에 서울에서 열리고 있다. 이 전시회는 전 세계의 스타트업, 투자자, 그리고 기업들이 한자리에 모여 네트워킹하고 협력의 기회를 모색하는 허브로 진화하고 있다. 특히 국내 스타트업들이 글로벌 시장에 진출할 수 있는 기반을 마련하고, 다양한 국가에서 참여한 관계자들이 교류하며 협력 방안을 논의할 수 있는 글로벌 행사로 주목받고 있다.

주요 프로그램에는 스타트업 피칭, 글로벌 스타트업 세션, 투자 상담회 등이 포함되어 있으며, 국내 스타트업의 글로벌 시장 진출을 지원하는 데 중점을 두고 있다. 스타트업 피칭은 참가 기업들이 혁신적인 아이디어와 기술을 투자자들에게 직접 소개할 수 있는 기회를 제공하며, 글로벌 스타트업 세션과 투자 상담회는 세계 각국에서 온 전문가들이 최신 시장 동향을 공유하고 투자 및 협력 가능성을 논의하는 기회의 장이다.

2024년 컴업은 '혁신이 경계를 허물다'라는 주제로 글로벌 스타트업 생태계가 주목하는 딥테크, AI분야의 다양한 키노트 강연과 컨퍼런스가 진행되었다. 특히 전세계 45개국의 260개의 스타트업이 참여하며 글로벌 행사로서의 면모를 보여 주었다.

이러한 전시회들은 오픈 이노베이션을 촉진하며, 스타트업과 대기업, 투자자 간의 협력 기회를 극대화하는 중요한 역할을 하고 있다. 특히 최근에는 UAE, 미국, 사우디아라비아, 싱가포르, 중국 등 여러 국가의 많은 투자자들이 한국의 스타트업에 높은 관심을 보이고 있다. 이는 국내 스타트업 생태계가 국제 무대에서 두각을 나타내고 있음을 보여주는 긍정적인 신호로 평가받고 있다. 컴업은 이제 단순한 국내 행사에서 나아가, 한국 스타트업들이 글로벌 시장으로 도약할 수 있는 발판을 제공하는 중요한 플랫폼으로 자리매김하고 있다.

[컴업(Comeup)]

출처: 컴업 홈페이지, 머니투데이

● 데모데이

데모데이는 스타트업에게 특히 중요한 행사다. 데모데이는 스타트업들이 자신의 제품과 서비스를 투자자와 대중 앞에서 공식적으로 발표하는 행사로 스타트업과 투자자를 연결하는 핵심적인 역할을 한다. 많은 엑셀러레이터와 벤처캐피탈이 정기적으로 데모데이를 개최하여 유망한 스타트업을 발굴하고 투자 기회를 모색하고 있다.

데모데이에서 각 스타트업은 주어진 시간 동안 자신의 사업 아이디어와 성과를 발표하고 심사자들과 질의 응답을 진행하게 된다. 이를 통해 투자자들로부터 귀중한 피드백을 받거나 자금 조달의 기회를 얻을 수 있다. 이러한 과정은 스타트업에게 자신의 비즈니스 모델을 검증하고 개선할 수 있는 유의미한 기회가 된다.

네트워킹의 장으로서 데모데이의 역할도 존재한다. 이 행사는 스타트업과 투자자 간의 직접적인 만남과 협력을 촉진하며, 스타트업 생태계의 활성화에 기여한다. 투자자들은 유망한 스타트업을 직접 만나고 평가할 수 있는 기회를 얻으며, 스타트업은 잠재적 투자자들과 직접 소통하며 관계를 구축할 수 있다.

데모데이는 크게 두 가지 형태로 나뉜다. 하나는 일반 대중에게 공개된 형태의 데모데이고, 다른 하나는 투자자만을 대상으로 하는 비공개 데모데이다. 공개 데모데이는 스타트업이 대중과 소통하며 다양한 피드백을 받을 수 있는 기회를 제공한다. 이를 통해 스타트업은 자신의 제품이나 서비스에 대한 시장의 반응을 직접 확인할 수 있으며, 잠재적 고객들과 만날 수 있는 기회도 얻게 된다.

반면, 비공개 데모데이는 보다 전략적이고 집중적인 협력 기회를 제공한다. 이러한 형태의 데모데이에서는 스타트업과 투자자 간의 더욱 심도 있는 논의가 가능하며, 구체적인 투자 협상으로 이어질 가능성이 높다. 또한, 비공개 형태는 아직 공개하기 이른 혁신적인 기술이나 아이디어를 가진 스타트업들에게 적합한 플랫폼이 될 수 있다.

결론적으로, 데모데이는 스타트업의 혁신적인 아이디어와 벤처캐피털 또는 대기업의 자본을 연결하는 연결고리 역할을 한다. 이를 통해 스타트업은 성장의 기회를 얻고, 투자자는 유망한 투자처를 발굴할 수 있으며, 궁극적으로 전체 스타트업 생태계의 발전과 혁신을 촉진하는 데 기여한다.

사례 A 엑셀러레이터 블루포인트 데모데이

블루포인트파트너스는 매년 데모데이를 개최하며, 자사의 액셀러레이팅 프로그램을 마친 스타트업들이 투자자와 업계 전문가들 앞에서 성과를 발표할 수 있는 기회를 제공한다. 이 행사는 스타트업의 아이디어와 기술을 소개하고 투자자와의 협력을 도모하는 IR (투자유치)행사 이상의 의미를 가진다. 블루포인트 데모데이에서는 단순한 피칭 외에도 블루포인트 대표와 업계 주요 인사들이 참여하여 스타트업 생태계의 최신 트렌드와 기술진화, 투자 동향 등과 관련된 인사이트를 제공한다. 그 결과 참가자와 스타트업들은 실질적인 비즈니스 조언과 미래 성장 방향에 대한 중요한 통찰을 얻을 수 있으며, 이는 국내 스타트업 생태계의 발전에 긍정적 영향을 미치고 있다.

블루포인트 데모데이에서는 피칭 세션뿐만 아니라 네트워킹과 투자자와의 1:1 미팅이 이루어져, 다양한 산업 분야의 투자자와 전문가들이 신생 기업들과 활발히 교류하며 협력을 증진하고 있다. 블루포인트 데모데이는 매회 약 1,000명 이상의 스타트업 생태계관계자들이 참석하며, 국내에서 가장 영향력 있는 데모데이 행사 중 하나로 자리매김했다. 블루포인트파트너스는 이러한 행사를 통해 스타트업 생태계의 다양성과 경쟁력을 높이며, 성장 가능성이 큰 혁신 기업들을 발굴하고 지원하는 데 앞장서고 있다.

[블루포인트 데모데이]

출처: 블루포인트

사례 B IBK 창공 데모데이

IBK 창공 데모데이는 IBK기업은행이 주관하는 행사로, 금융기관이 주도하는 대표적인 오픈 이노베이션 프로그램이다. IBK기업은행은 혁신 스타트업을 발굴하고 지원하기 위해 정기적으로 데모데이를 개최하며, 이를 통해 스타트업의 성장과 금융 지원을 동시에 추구하고 있다. 데모데이를 통해 IBK가 지원하는 스타트업의 성과를 공유하고 투자 유치 및 기업 간 협업 가능성을 논의할 수 있는 기회를 제공하고 있다.

최근 IBK 창공 데모데이는 국내 중견기업 및 대기업과의 협업을 강화하는 오픈 이노베이션 프로그램을 도입해, 대웅제약, 롯데건설, 아워홈, 현대차, KT, LS일렉트릭 등과의 협력을 통해 IBK가 지원하는 스타트업에게 시장 검증 기회를 제공하고 향후 사업 제휴 가능성을 탐색할 수 있도록 지원하고 있다.

IBK 창공은 서울, 부산, 광주, 대구, 대전 등 주요 도시에 스타트업을 위한 업무 공간을 제공하는 한편, 미국 실리콘밸리에서도 창업 지원 시설을 운영하며, 재무와 법률 컨설팅 등 다양한 실질적 혜택을 통해 스타트업을 꾸준히 지원하고 있다. IBK 창공 데모데이는 국내외 창공 업무공간에 입주한 스타트업들에게 오디션 무대와 같은 역할을 하며, 기업소개 피칭뿐만 아니라 글로벌 기술 트렌드 제공, 투자자와의 미팅 등 다양한 프로그램을 통해 유망 스타트업들의 성장을 돕고 있다.

이처럼 IBK기업은행은 정기적으로 데모데이를 개최함으로써 오픈 이노베이션 생태계에서 중요한 역할을 수행하고 있다. 특히 IBK 기업은행, KB금융, 우리금융 등의 금융권 오픈 이노베이션 프로그램은 스타트업의 자금조달 및 맞춤형 금융지원을 제공하는 것이 특징이다.

[IBK 창공 데모데이]

출처: IBK창공, 씨엔티테크

● 창업경진대회

　창업경진대회는 데모데이와 유사한 형식을 취하지만, 그 성격과 목적에서 다소간의 차이를 보인다. 이 행사는 스타트업과 예비 창업자들이 자신의 사업 아이디어를 발표하고 평가받는 경연의 성격이 강하다. 투자 유치보다는 아이디어의 우수성과 사업성을 겨루는 데 초점을 맞추고 있으며, 대개 상금이나 지원 프로그램 등의 혜택을 제공하는 형태로 진행된다.

　창업경진대회는 주로 기업, 대학, 지자체 등 다양한 주체들이 주최한다. 특히 초기 단계의 스타트업들에게 자신의 사업을 소개하고, 전문가들로부터 피드백을 받을 수 있는 귀중한 기회를 제공한다. 이를 통해 참가자들은 사업에 자신감을 제고하고 비즈니스 모델을 한층 더 구체적이고 실행 가능한 방향으로 조정할 수 있다.

　경진대회는 단순한 아이디어 발표의 장을 넘어서, 참가자들이 기업가 정신을 함양하고 네트워킹을 통해 성장할 수 있는 플랫폼 역할도 수행한다. 비록 직접적인 투자 유치로 이어지는 경우는 데모데이에 비해 상대적으로 적지만, 경진대회에서 우수한 성과를 거둔 팀들은 향후 투자 유치 과정에서 경진대회 입상 경험을 긍정적인 레퍼런스로 활용할 수 있다.

　역사와 전통을 자랑하는 메이저 경진대회에서의 입상은 스타트업들에게 사업에 대한 자신감을 불어넣고, 시장에서의 신뢰도를 높이는 데 기여한다. 또한 특정 경진대회의 입상자들 사이에서는 일종의 동문(Alumni) 네트워크가 형성되어, 서로 연대감을 갖고 협력하며 더 큰 성장을 도모하는 경우도 많다.

창업경진대회는 대개 정기적으로 개최되는 행사의 성격을 띠며, 대부분 연례 행사로 진행된다. 주최측에서는 기사 및 SNS 등을 통하여 행사를 사전에 안내하여 참가자들에게 준비할 수 있는 시간을 제공한다. 창업경진대회는 예비창업가들의 기업가 정신 함양과 스타트업 생태계의 활성화 그리고 창업 저변 확대에 크게 기여하고 있다.

사례 정주영 창업경진대회

정주영 창업경진대회는 아산나눔재단이 주최하는 대한민국 대표 창업경진대회로, 현대그룹을 창업한 (고)정주영 명예회장의 도전 정신을 계승하고 혁신적인 아이디어를 발굴하기 위해 매년 열린다. 이 대회는 창의적이고 유망한 아이디어를 가진 창업자들에게 큰 기회를 제공한다. 총상금이 수억 원에 달해 참가자들에게 경제적 지원뿐만 아니라 사업 초기 자금 확보에도 큰 도움이 된다. 참가자들은 자신의 사업 아이디어를 발표하고, 현대자동차그룹을 비롯한 다양한 분야의 전문가들로부터 멘토링과 사업화 지원을 받는다. 이를 통해 참여자들은 실제 시장에서 사업을 실행하는 데 필요한 실무적인 조언을 얻고, 네트워킹 기회를 확보할 수 있다.

특히, 대회의 심사를 통해 선정된 팀들은 사업 자금 지원뿐만 아니라 현대자동차그룹과의 협업 기회와 사업 확장을 위한 각종 혜택을 제공받게 된다. 더불어 정주영 창업경진대회에서 입상하는 것 자체만으로도 엑셀러레이터나 투자자들에게 주목받을 수 있는 기회로서 작용한다. 이는 향후 사업을 추진하는 과정에서 큰 힘이 된다. 창업자들이 초기 단계에서 자금과 네트워크를 확보할 수 있는 발판이 되어 주고, 다양한 지원기관과 투자자들로부터 더 큰 관심을 가지게 만드는 계기가 되는 것이다.

[정주영 창업경진대회]

출처: 아산나눔재단, 매일경제

　이처럼 창업경진대회는 단순한 아이디어 발표의 자리를 넘어서, 창업자들이 자신의 아이디어를 검증받고 실질적인 사업 기회를 얻을 수 있는 플랫폼으로 자리 잡았다. 스타트업 생태계 활성화에 기여하는 창업경진대회는 오픈 이노베이션을 촉진하며, 대기업과의 협업을 통해 혁신적인 아이디어가 상업화될 수 있는 기회를 제공한다. 이를 통해 창업자들은 보다 탄탄한 사업 기반을 마련하고, 경쟁력 있는 기업으로 성장할 수 있는 발판을 마련할 수 있다.

※ 데모데이와 창업경진대회의 차이

데모데이와 창업경진대회는 스타트업이 자신의 아이디어나 사업을 투자자, 일반 대중, 잠재 고객 앞에서 발표한다는 점에서 유사하지만, 몇 가지 차이점이 있다. 경우에 따라 두 행사가 하나의 프로그램으로 운영되기도 한다. 데모데이와 창업경진대회의 주요 차이는 다음과 같다.

[데모데이와 창업경진대회 차이]

데모데이	구분	창업경진대회
창업지원 프로그램에 참가한 스타트업 또는 주요 엑셀러레이터/지자체 육성 스타트업	대상	경진대회 주제에 부합하는 아이디어 또는 창의적 비즈니스 모델 보유 스타트업
프로그램 성과 발표 및 투자유치	목적	대회 입상을 통한 인지도 제고 및 심사과정을 통한 사업모델 개선
제품이나 서비스 시연, 시장진입 전략 소개	내용	사업 아이디어, 사업계획 소개
투자자, 잠재 파트너 및 고객사, 지원기관	주요 참가자	심사위원, 초기투자자, 지원기관
투자유치 및 파트너십 확보	성과	상금 획득, 투자자 연계, 언론 홍보

● 네트워킹 행사

네트워킹 행사는 스타트업, 대기업, 투자자, 연구기관 등이 한자리에 모여 상호 교류와 협력을 증진하는 행사이다. 앞서 언급한 전시회, 데모데이, 경진대회에서도 스타트업 생태계 관계자들의 네트워킹은 자연스럽게 이루어지지만, 창업자 및 이해관계자들의 네트워킹에 특화된 행사들도 별도로 존재한다.

　이러한 네트워킹 특화 행사는 여러가지 형태로 개최되며, 정기적인 모임, 세미나, 워크숍 등이 여기에 해당된다. 이들은 타 행사에 비해 비교적 작은 규모로 이루어지며, 참가자들이 서로의 아이디어와 경험을 공유하고 협력의 기회를 모색할 수 있는 친밀한 분위기를 제공한다. 또한, 특정 주제나 산업섹터별 이슈에 초점을 맞춰 진행되기도 하며, 이를 통해 보다 깊이 있는 논의와 협력이 가능하다.

　스타트업을 한다는 것은 외로움과의 싸움이기도 하다. 네트워킹 행사는 이러한 고독한 여정에서 동병상련을 겪는 다른 창업자들을 만나 서로 위로하고 힘을 얻을 수 있는 귀중한 기회를 제공한다. 창업자들은 이러한 만남을 통해 자신이 겪고 있는 어려움들이 자신만의 고민이 아니라는 것을 깨닫고, 새로운 도전에 대한 용기를 얻기도 한다.

　특히, 특정 기업이나 지원기관이 주관하는 오픈 이노베이션 프로그램에 선발된 스타트업들 간의 네트워킹 행사도 활발히 진행된다. 이러한 행사는 같은 프로그램에 선발된 스타트업이라는 동질감을 기반

[경기창조경제혁신센터 CEO 클럽]

출처: 경기창조경제혁신센터, 벤처스퀘어

으로 서로 교류하며 협력 기회를 확대할 수 있을 뿐만 아니라, 성장 단계가 다른 스타트업들과의 경험을 공유할 수 있는 소중한 기회를 제공한다.

네트워킹 행사에 단골로 초대되는 사람은 바로 성공한 선배 스타트업 대표이다. 창업자들은 자신보다 앞서서 많은 어려움을 이겨내고 대규모 투자를 받거나 성공적인 서비스를 출시한 선배들의 사업여정이 궁금하기 때문이다. 네트워킹 행사를 통해 선배 스타트업 대표들과 교류하며 좋은 팁을 얻고, 성장에 필요한 조언을 얻을 수 있다. 이는 스타트업의 경쟁력 강화에 실질적인 도움이 되며, 때로는 위기를 극복하는 데 필요한 통찰력을 제공하기도 한다.

네트워킹 행사는 단순히 명함 교환 이상의 가치를 제공한다. 이는 참가자들에게 장기적인 관계 구축과 협력의 기회를 제공하며, 창의적인 아이디어와 노하우가 교환되는 장으로서 스타트업 생태계에서 중요한 역할을 한다. 더불어, 이러한 행사들은 스타트업 창업자들에게 정서적 지지와 동기부여를 제공하는 커뮤니티의 역할도 수행하며, 스타트업 생태계의 지속적인 성장과 발전에 기여하고 있다.

사례 경기창조경제혁신센터 CEO데이

경기창조경제혁신센터는 매월 'CEO 데이'를 통해 스타트업 대표들이 한자리에 모여 교류하며 투자자와 대기업과의 협력을 촉진하는 네트워킹 행사를 운영하고 있다. CEO 데이의 주요 프로그램은 스타트업 대표들이 각자의 성공 사례와 도전 과제를 공유하는 시간으로 시작하여, 이후 투자자 및 대기업 관계자들과의 1:1 미팅과 네트워킹 세션을 통해 협력 방안을 모색하는 기회를 제공한다. 또한, 이 행사는 스타트업 간 상호 피드백을 통해 보다 견고한 비즈니스 모델을 구축할 수 있는 환경을 마련하여 서로의 성장을 지원한다.

또한 매 회차마다 스타트업들이 관심을 가질 만한 주제를 중심으로 특강이 제공되며, 이를 통해 참가자들은 최신 트렌드와 전략을 학습하고 실무적인 조언을 얻을 수 있다.

CEO 데이는 스타트업 생태계와 오픈 이노베이션에 참여하는 다양한 이해관계자들에게 일종의 동지애를 느낄 수 있는 기회가 되며, 일반적인 비즈니스 네트워크 이상의 의미를 갖는다. 네트워킹 행사를 통해 창업자들에게 찾아올 수 있는 번아웃을 예방하고 동료 CEO들로부터 에너지를 얻고 투자자 또는 고객들로부터 얻은 마음의 상처를 힐링하는 소중한 시간을 가질 수 있다.

3-3

/

오픈 이노베이션 소통채널

오픈 이노베이션의 성공을 위해 중요한 요소 중 하나는 바로 소통이다. 서로 이질적인 특성을 지닌 이해관계자들이 협력하여 혁신을 이루기 위해서는 정보의 원활한 교류와 적극적인 소통이 필수적이다. 이를 통해 새로운 아이디어가 교환되고, 이러한 협업으로 보다 나은 해결책이 도출될 수 있기 때문이다.

그러나 현실에서는 대기업과 스타트업간의 소통이 원활하지 않은 경우가 많다. 소통은 커녕 스타트업은 대기업의 오픈 이노베이션 관련 정보나 담당자를 찾지 못해 소통의 기회 조차 만들지 못하는 경우도 많다. 중견기업이나 대기업 역시 협력할만한 스타트업을 발굴하는 데 어려움을 느낀다. 이러한 간극을 메우는 것이 바로 오픈 이노베이션 소통 채널의 역할이다.

다행히 기술의 발달은 이러한 소통의 장벽을 낮추고 있다. 클라우드 기반의 정보 관리와 협업 플랫폼으로 이해관계자들은 시공간의 제약 없이 자료를 공유하고 실시간으로 협력할 수 있게 되었다. 예를 들어, 슬랙(Slack)이나 마이크로소프트 팀즈(Teams)와 같은 협업 앱은 팀 간 소통을 원활하게 하고, 공동의 목표를 효율적으로 달성할 수 있도록 돕는다. 또한 구글 드라이브(Google Drive) 같은 클라우드 기반의 정보 관리 시스템은 문서와 데이터를 안전하게 저장하고, 필요 시 어디서든 접근할 수 있게 해준다. 다만, 이러한 소통 툴(Tool)은 일하는 방식이 유사한 주체들간의 협업에서는 유용하지만, 이질적인 업무 방식을 가진 조직 간의 협업에서는 한계가 있을 수 있다.

오픈 이노베이션과 관련된 소통을 강화하기 위해 다양한 채널이 운영되고 있다. 정부 지원 기관, 대기업에서 운영하는 오픈 이노베이션 포털, 온라인 커뮤니티, 메신저 그룹 등을 통해 오픈 이노베이션 관련 정보가 활발히 공유되고 있다. 각 채널은 서로 다른 방식으로 오픈 이노베이션 생태계를 지원하며, 대기업과 스타트업 간의 가교 역할을 수행한다. 이러한 소통 채널은 혁신 생태계의 다양한 주체들을 유기적으로 연결하고, 협력의 기회를 더욱 넓히는데 기여한다.

● 지원기관 홈페이지

지원 기관의 홈페이지는 오픈 이노베이션을 촉진하기 위해 각종 정보를 제공하고, 관련 프로그램과 지원사업을 안내하는 중요한 역할을 맡고 있다. 그중에서도 넥스트유니콘에서 운영하는 민관협력 오픈 이노베이션 사이트(OI마켓)는 스타트업, 중견기업, 공공기관, 엑셀러레이터(AC)뿐만 아니라 대기업도 활용할 수 있는 대표적인 플랫폼으로, 오픈 이노베이션 관련 정보를 폭넓게 제공한다. 대기업들은 이러한 사이트에서 스타트업 및 중소기업의 최신 트렌드와 혁신적인 기술을 파악할 수 있으며, 잠재 파트너를 탐색하여 새로운 협력 기회를 모색할 수 있다.

'OI마켓'에서는 혁신 파트너를 손쉽게 탐색할 수 있으며, 원하는 조건에 맞는 정보를 다양한 필터를 통해 빠르게 찾을 수 있다. 이 플랫폼을 통해 스타트업뿐만 아니라 대기업도 신사업 발굴과 기술 협력의 기회를 발견할 수 있다. 또한 오픈 이노베이션 지원사업, 프로젝트, 이벤트와 관련된 프로그램을 한곳에서 확인할 수 있으며, 대중견기업과 스타트업이 직접 협업 프로젝트를 열어 상시적인 협업 매칭을 진행할 수 있는 기능도 제공한다. 이를 통해 기업들은 스케일업의 기회를 잡고, 오픈 이노베이션 생태계에서 실질적인 성과를 낼 수 있다.

정부가 주도하는 또 다른 소통 플랫폼으로 'K-Startup 창업지원포털'이 있다. 이 포털은 대한민국 창업 생태계를 지원하는 대표적인 온라인 허브로, 다양한 창업 지원 프로그램과 정책을 안내하며 창업자들에게 필수적인 정보를 제공한다. 'OI마켓'이 오픈 이노베이션에 초점을 맞춘다면, 'K-Startup'은 창업 전반에 걸친 포괄적인 정보를 제공한다. 대기업이나 중견기업들은 이러한 플랫폼을 통해 창업 생태계에서의 최신 동향을 파악하고, 유망 스타트업과의 협업 가능성을 탐색할 수 있다. 스타트업과 대기업 모두가 이러한 플랫폼에 회원가입하여 정부의 지원사업과 협업 기회에 대한 정보를 빠르게 습득하고, 사업의 성장 기회를 놓치지 않도록 하는 것이 중요하다. 때로는 사이트에서 발견한 우연한 정보가 사업의 커다란 전환점을 만들 수도 있기 때문이다.

[오픈 이노베이션 및 창업지원 홈페이지]

출처: OI Market, 창업진흥원

● 기업별 오픈 이노베이션 홈페이지

대기업들은 오픈 이노베이션 활동을 보다 체계적으로 운영하기 위해 자체 오픈 이노베이션 사이트를 운영하며, 이를 통해 외부와의 협력 기회를 모색하고 있다. 이러한 홈페이지는 오픈 이노베이션과 관련된 정보를 홍보하고, 각 기업의 사업 방향을 잠재 파트너들에게 설명하며, 협력 기업을 모집하는 창구 역할을 한다. 또한, 아이디어 공모전의 랜딩페이지 기능을 담당하기도 하며 사업협력 제안을 접수하고, 다양한 협업 기회를 공개하는 등 오픈 이노베이션 허브로서의 역할을 수행한다.

예를들어 삼성전자의 C-Lab 프로그램은 내부 직원들의 창의적인 아이디어를 발굴하고 이를 스타트업으로 육성하는 한편, 외부 스타트업과의 협력을 촉진하고 있다. C-Lab 홈페이지에서는 C랩 프로그램 전반에 관한 상세한 설명은 물론 혁신적인 아이디어를 제출할 수 있는 플랫폼을 제공하며, 스타트업들이 삼성과 협력할 수 있는 기회를 열어준다. 이를 통해 스타트업은 삼성의 자원과 네트워크를 활용해 성장할 수 있는 기반을 갖추게 된다.

LG그룹 역시 'SUPERSTART'라는 오픈 이노베이션 플랫폼을 운영하고 있다. 이를 통해 LG그룹에서 추진하는 각종 오픈 이노베이션 정보를 제공하며, 다양한 산업 분야의 전문가들과의 네트워크를 탄탄히 구축하고 있다.

하지만 일부 기업들의 오픈 이노베이션 홈페이지는 간혹 업데이트가 원활하게 이루어지지 않는 경우가 있다. 이는 잠재 파트너들의 신뢰를 떨어뜨릴 수 있으며, 협력 기회를 놓치게 될 위험이 있다. 오픈 이노베이션을 효과적으로 추진하기 위해서는 이러한 홈페이지를 지속적으로 관리하고 정보를 자주 업데이트하는 것이 중요하다. 최신 정보를 반영함으로써 잠재 파트너들에게 신뢰를 구축하고, 보다 효과적인 협력을 이끌어낼 수 있다. 자체적인 오픈 이노베이션 콘텐츠가 많지 않거나 자주 업데이트하기 어려운 경우, 보조 수단으로 SNS 활용도 고려할 수 있다.

기업들은 오픈 이노베이션 전용 소통채널을 통해 자신들의 사업 방향과 외부 기업과의 협업니즈를 명확히 전달하고, 오픈 이노베이션 관련 콘텐츠를 제공함으로써 성장 기회를 발굴할 수 있을 뿐 아니라 기업 이미지 제고에도 기여할 수 있을 것이다.

[주요기업별 오픈 이노베이션 홈페이지 현황]

기업명	홈페이지명	사이트 주소
삼성전자	Samsung C-Lab	https://samsungclab.com
LG그룹	SUPERSTART	https://www.lgsuperstart.com
현대자동차	ZER01NE	https://zer01ne.zone
SK텔레콤	True Innovation	https://www.true-inno.com
한화그룹	DREAM PLUS	https://www.dreamplus.asia
신한금융	S^2 Bridge	https://s2bridge.com
IBK	IBK 창공	https://www.ibkchanggong.com
KB	Innovation HUB	https://kbinnovationhub.com

● 스타트업 커뮤니티 및 데이터베이스 사이트

대한민국 스타트업 수가 늘어나면서 온라인 스타트업 커뮤니티도 활발해지고 있으며, 이에 따라 정보의 양이 점점 더 풍부해지고 정보의 질 역시 높아지고 있다. 이러한 커뮤니티는 스타트업들이 필요한 정보를 쉽게 얻고, 다양한 이해관계자들과 네트워킹할 수 있는 중요한 플랫폼으로 자리잡고 있다.

로켓펀치와 벤처스퀘어는 대한민국의 대표적인 스타트업 커뮤니티

사이트로, 스타트업과 관련된 뉴스와 업계동향을 신속히 제공하고, 인력매칭과 네트워킹을 지원하는 중요한 역할을 한다. 스타트업은 자금 확보 못지않게 적합한 인력 확보에 많은 어려움을 겪고 있다. 로켓펀치는 이러한 문제를 해결하기 위해 스타트업에 최적화된 인력 매칭 서비스를 제공한다. 로켓펀치는 '스타트업의 위키피디아'를 지향하며 서비스를 시작하였으며, 그 운영 방식은 링크드인과 유사하다. 이용자들은 자신의 프로필을 등록하고 관심 분야, 기업, 인물 등을 팔로우함으로써 지속적으로 업계 정보를 습득할 수 있다. 이러한 연결을 통해 온라인 상에서 업계 사람들과의 네트워킹이 활성화되며, 순도 높은 인력 매칭에 기여하고 있다.

벤처스퀘어는 스타트업 관련 뉴스와 투자 정보, 창업 지원 프로그램 등을 제공하는 온라인 플랫폼으로, 대한민국 스타트업 생태계에서 비중있는 정보 허브 역할을 한다. 스타트업들이 최신 창업 트렌드와 시장 정보를 얻을 수 있는 전문적인 뉴스와 분석을 제공하며, 각종 스타트업 관련 프로그램과 공모전 안내를 통해 오픈 이노베이션 생태계를 활성화하는 데 기여하고 있다.

또한 더브이씨와 혁신의 숲은 스타트업에 대한 투자 유치 정보와 사업 성과를 다루며, 스타트업들이 성장하는 데 필요한 각종 지원사업과 데이터를 제공하는 플랫폼이다. 기업이나 지원기관 관계자들은 시시각각 변화하는 스타트업의 성장세와 성과를 파악하고자 하며, 이러한 데이터는 유망 스타트업을 선발하거나 지원 대상 스타트업을 결정하는 데 중요한 기준이 된다. 더브이씨와 혁신의 숲은 스타트업의 현행화된 기업 정보를 제공할 뿐만 아니라, 시계열적 데이터와 성장 동향을 한눈에 파악할 수 있도록 도와줌으로써, 기업, 지원기관, 투자자들에게 유용한 의사결정 참고자료를 제공한다.

이들 사이트는 투자 정보와 사업 성과에 대한 데이터를 공유함으로써, 스타트업과 투자자 간의 연결을 돕고, 오픈 이노베이션에 긍정적인 영향을 미친다. 스타트업들에게는 투자자에게 노출될 기회를 제공하고 투자자에게는 유망 스타트업의 정보를 한자리에서 쉽게 파악할 수 있게 해주는 것이다.

[스타트업 데이터베이스 제공 플랫폼]

출처: 더브이씨, 혁신의 숲

● **사회관계망서비스 (SNS)**

정형화된 홈페이지도 유용한 소통 수단이지만, 오픈 이노베이션 이해관계자들이 스마트폰 앱을 통해 자주 확인할 수 있는 SNS계정을 운영하는 것도 효과적이다. 특히 스타트업 구성원들은 대체로 젊은 층이 많아, 관습적인 소통 방식보다 간결하고 직관적인 정보 전달에 익

숙하다. 굳이 자신이 찾지 않아도 SNS를 통해 자동으로 도달하는 정보에 노출되는 것을 선호하는 경향이 있어, 이러한 특성에 SNS가 잘 부합한다.

SNS는 오픈 이노베이션 관련 정보를 빠르고 널리 공유할 수 있는 소통 채널로, 페이스북, 트위터, 인스타그램, 링크드인 등 다양한 플랫폼이 있다. 이러한 SNS 채널들은 스타트업, 대기업, 투자자들이 최신 뉴스, 기술 트렌드, 행사 등을 실시간으로 공유하고 즉각적으로 소통할 수 있게 해준다. 특히 링크드인은 전문 네트워킹 플랫폼으로서 비즈니스 관계 형성에 매우 유용하며, 오픈 이노베이션 전문가들간의 토론과 정보교류를 촉진하는 데 요긴하다.

특히 SNS는 팔로우 기능을 통해 오픈 이노베이션에 관심 있는 이해관계자들에게 필요한 정보를 자동으로 전달할 수 있어 정보의 확산 차원에서 매우 효과적이다. 이는 홈페이지에 비해 관심을 가진 주체들에게 더 빠르게 도달할 수 있는 방식으로, 팔로워들은 즉각적으로 업데이트된 정보에 접근하고, 이를 통해 협력 기회를 모색하거나 새로운 네트워크를 형성할 수 있다.

특히 SNS의 장점은 쌍방향 소통이 가능하다는 점이다. 팔로워들이 게시물에 자유롭게 댓글을 통해 의견을 전할 수 있어, 정보의 일방적인 전달이 아닌 쌍방향 소통이 이루어진다. 이는 이해관계자들 간의 직접적인 대화를 촉진하고, 협업을 위한 구체적인 논의가 실시간으로 진행될 수 있는 기회를 제공한다. 해시태그(#)를 통해 관련된 정보와 의견을 모으고, 오픈 이노베이션 생태계 내에서 실시간 토론을 통해 협업 기회를 더욱 확장할 수 있다.

이러한 SNS 소통 방식은 업계 동향을 파악하고, 새로운 파트너와 연결을 강화하며, 실시간으로 협력 기회를 논의하는 데 큰 역할을 한다. SNS 계정을 운영하는 주체는 오픈 이노베이션과 관련된 내용을 지속적이고 규칙적으로 업로드하는 것이 중요하다. 정기적인 콘텐츠 업데이트는 팔로워들에게 신뢰를 구축하고, 오픈 이노베이션 생태계 내에서 해당 SNS계정의 노출도와 영향력을 높여 운영 효과를 극대화할 수 있다.

지금까지 살펴 본 지원기관 홈페이지, 대기업 홈페이지, 온라인 스타트업 커뮤니티, SNS 등은 각각의 장점과 특성을 가지고 있다.

복수의 소통 채널을 운영하는 것은 관리에 부담이 될 수 있다. 따라서 각자의 상황에 맞는 채널을 선택하고, 이를 꾸준하고 진정성 있게 관리하는 것이 필요하다.

[오픈 이노베이션 소통 채널 비교]

소통채널	특징 및 장점
지원기관 홈페이지	오픈 이노베이션을 포함한 다양한 정부 지원 사업 정보를 제공하며, 각종 창업 지원프로그램과 공모전의 접수 창구 역할을 수행함.
기업별 홈페이지	자신들의 활동을 외부에 홍보하고 외부 파트너와의 협업 기회 모색과 자사가 주관하는 공모전 등을 운영하는 베이스캠프로 활용됨.
스타트업 커뮤니티 및 DB 제공 사이트	스타트업들의 정보와 자원을 공유하고 스타트업을 대상으로 하는 네트워킹 행사 등의 다양한 정보를 제공함. 또한 스타트업의 매출, 투자, 고용 등과 관련된 최신 정보도 이용 가능함
SNS	지원기관 및 기업들이 스타트업 등을 대상으로 자신들의 사업 및 프로그램을 신속히 전파하는데 활용되는 채널. 팔로우 등의 기능을 활용하며 유효한 타겟에게 메시지를 전달하는데 유용함

소통채널을 장기간 진정성 있게 운영하면, 오픈 이노베이션과 성과 창출에 필요한 정보를 더 효율적으로 수집하고 협력 기회를 창출할 수 있으며, 성공적인 혁신을 촉진 할 수 있다.

3-4

대기업 오픈 이노베이션 프로그램 운영 실제

오픈 이노베이션 프로그램을 통해 성장하고자 하는 스타트업에게 대기업 오픈 이노베이션 프로그램 대한 이해는 필수적이다. 그러나 대부분의 스타트업은 이에 대한 정보가 부족한 실정이다. 이는 주로 대기업이 오픈 이노베이션 추진 과정에서의 세부 절차나 기대 사항을 스타트업에게 명확히 전달하지 않기 때문에 발생한다. 따라서 스타트업이 대기업과의 협력 가능성을 높이기 위해서는 대기업의 오픈 이노베이션 절차와 운영 방식을 이해하고 그에 맞춘 준비가 필요하다.

대기업 역시 급변하는 시장 환경 속에서 생존과 성장을 도모하기 위해 오픈 이노베이션 전략을 적극 도입하고 있다. 인공지능(AI), 클라우드, 자율주행 등 최신 기술의 빠른 발전은 산업 전반에 걸쳐 큰 변화를 촉발하고 있으며, 이러한 기술 트렌드는 기업들에게 혁신의 필요성을 더욱 강조하고 있다. 기업들은 내부 자원과 역량에만 의존하지 않고 외부의 혁신적 아이디어와 기술을 적극 활용하여 새로운 비즈니스 기회를 모색하는 방향으로 나아가고 있다. 특히 AI와 같은 첨단 기술을 보유한 스타트업과의 협력은 자사의 경쟁력 강화와 생존에 중요한 수단으로 자리 잡고 있으며, 오픈 이노베이션 과정에서 필수적인 역할을 하고 있다.

그렇다면 대기업에서 추진하는 오픈 이노베이션 프로그램은 어떻게 진행될까?

사내에 오픈 이노베이션 전담부서를 둔 기업들의 오픈 이노베이션 프로그램은 일반적으로 단계적으로 추진된다. 목표 설정을 시작으로 수요 모집, 스타트업 선정, 협업 목표 설정, 협업 및 결과물 산출, 결과 평가 및 피드백, 그리고 최종 사업화와 수익실현의 과정을 거친다. 단계별 접근 방식은 체계적이고 효율적인 오픈 이노베이션 추진을 가능하게 한다. 각 단계는 서로 연계되어 있으며, 전체 프로세스의 성공을 위해 중요한 역할을 한다. 이번 장에서는 실제 기업들이 이러한 각 단계를 어떻게 기획하고 운영하는지에 대해 상세히 살펴보겠다.

[오픈 이노베이션 프로그램 진행 프로세스]

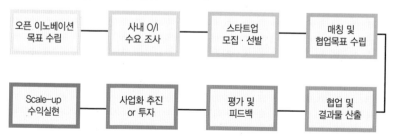

● 1단계: 목표설정 − 오픈 이노베이션의 나침반을 세우다.

성공의 씨앗은 명확한 목표에서 싹튼다. '성공하는 사람들의 7가지 습관'의 스티븐 코비(Stephen Covey)가 말했듯, "위대한 성공은 돈이 아니라 열정과 동기가 이끌어낸다." 오픈 이노베이션도 예외가 아니다. 이 여정의 첫 걸음은 "왜 우리 회사가 오픈 이노베이션을 추진해야 하는가?"라는 질문에서 시작된다.

목표는 단순하고 명료해야 한다. 한 문장으로 요약할 수 있을 만큼 구체적이어야 하며, 이는 프로그램에 참여하는 모든 이해관계자들에게 '북극성'과 같은 역할을 한다. 모호한 목표는 소통의 장벽을 만들고, 기대했던 성과를 저해할 수 있다.

미국의 철학자 짐 로언(Jim Rohn)은 "현실적인 목표는 도달할 수 있는 만큼 충분히 구체적이어야 하며, 그 목표가 우리를 움직이게 한다"고 말했다. 실행 가능성과 구체성을 갖춘 목표야말로 오픈 이노베이션의 성공을 위한 필수 요소다.

목표 설정 과정에서 최고 경영진의 강력한 지지는 금상첨화와 같다. 이는 단순한 부서 프로젝트를 넘어 회사 전체의 관심과 참여를 이끌어내는 원동력이 된다. 경영진의 적극적인 참여는 오픈 이노베이션 프로그램에 날개를 달아주어, 그 성공 가능성을 한층 높인다.

목표 설정은 단순한 시작이 아니다. 그것은 오픈 이노베이션의 나침반이자, 성공을 향한 첫 번째 발걸음이다. 명확하고 실행 가능한 목표, 그리고 이를 뒷받침하는 경영진의 지지. 이 두 가지가 조화를

이룰 때, 오픈 이노베이션은 비로소 혁신을 실현할 준비를 마치는 것
이다.

● 2단계: 사내 오픈 이노베이션 수요조사 - 현업의 목소리를 경청하다.

2.1 단계 - 협업니즈 모집

오픈 이노베이션 성공의 핵심은 '현업 부서'에 있다. '고객이 정답이
다'라는 말처럼, 기업에서 해결해야 할 고객의 문제를 가장 많이 보유
한 곳이 바로 현업 부서다. 이들은 문제를 제시할 뿐만 아니라 그 해
답을 찾을 수 있는 곳이기도 하다. 현업 부서는 크게 두 가지 유형으
로 나뉜다. 직접적인 매출을 창출하는 사업 부서와 기업 경쟁력의 근
간이 되는 기술적 솔루션을 개발하는 연구 부서다.

그러나 현업 부서가 오픈 이노베이션에 적극적으로 나서지 못하는
이유가 있다. 오픈 이노베이션이 당장의 필수 과제(Must do now)로 여겨
지지 않기 때문이다. 피평가자인 실무자들은 인사평가에 반영되는 즉
각적인 성과와 직결된 업무에 우선순위를 두기 때문에, 중장기적 혁
신을 목표로 하는 오픈 이노베이션은 후순위로 밀리기 쉽다. 또한, 외
부 파트너와의 협력 과정에서 소요되는 시간과 자원에 대한 부담도
실무자들이 오픈 이노베이션 참여를 꺼리는 이유 중 하나다.

오픈 이노베이션 프로그램을 기획하는 사람은 이러한 현업의 애로

사항(Pain Point)에 주목해야 한다. 그들이 해결해야 할 문제와 현재 내부 자원만으로는 해결되지 않는 부분을 명확히 파악하는 것이 중요하다. 자원 분배 관점에서 경영진의 관심은 여러모로 도움이 된다.

수요 발굴은 크게 탑다운(Top-down)과 바텀업(Bottom-up) 방식으로 나뉜다. 탑다운 방식은 최고 경영진이 외부 협력을 지시하는 형태로, 실무자들이 쉽게 외부의 협업 요청을 사내 유관부서에 소개할 수 있다는 장점이 있다. 반면, 바텀업 방식은 현업부서의 실무자나 중간관리자 등이 자신들의 문제해결을 위해 외부 파트너를 발굴해 달라고 요청해 오는 경우로, 실무자들이 외부 협력 과정에 보다 자발적이고 적극적으로 임한다는 장점이 있다.

수요 발굴 과정에서 중요한 관건은 사내 네트워크다. 오픈 이노베이션 담당자가 다양한 부서와 긴밀히 소통하고 회사 전략을 이해하고 있다면, 협업 니즈를 효과적으로 발굴할 가능성이 높다. 각 차수마다 프로그램의 주력 분야가 달라질 수 있는데 사내 여러 부서와 우호적인 관계가 형성되어 있으면 사내 수요발굴에 큰 힘이 될 것이다.

수요조사 과정에서 주의해야 할 점이 있다. 단순히 수요 모집 자체를 목표로 삼아 '숫자 채우기'에 급급해서는 안 된다. 협업할 수 있는 외부 기업이 제한적임에도 불구하고 내부 보고를 위한 경쟁률을 강조하다 보면, 불필요한 자원만 낭비될 우려가 있다. 오픈 이노베이션의 성공은 경쟁률이 아닌, 실질적으로 회사에 도움이 되는 협업 니즈를 발견하고 함께 해결하는 데 있다는 것을 명심해야 한다.

2.2 단계 – 협업 니즈 우선순위화

각 부서에서 오픈 이노베이션 협업 니즈를 모두 제출하면, 회사의 전략적 방향과 성과 창출 관점에서 우선순위화, 즉 평가가 필요하다. 이 과정은 이후 프로그램 성과에 직접적인 영향을 미치므로 명확한 평가기준에 근거한 합리적인 평가가 필수적이다.

효과적인 수요 평가를 위해서는 두 가지가 필수적이다. 평가기준과 평가자다. 평가기준은 오픈 이노베이션의 목적에 부합해야 하며, 주요 평가 항목으로는 회사 비즈니스에 미치는 영향, 프로그램 기간 내 실현 가능성, 그리고 잠재적인 리스크 요인 등이 포함되어야 한다.

평가자 구성 역시 중요한 요소다. 평가자 구성 시에는 해당 협업 니즈에 대해 전반적인 이해를 가진 사내 구성원이 우선적으로 참여해야 하며, 필요시 시장 및 산업에 대한 전문성을 갖춘 외부 전문가도 포함시키는 것이 좋다.

평가 과정에서 주의해야 할 점은 부서 이기주의나 내부 정치에 휘둘리지 않는 것이다. 일부 부서는 회사의 전체적 성과보다는 자신들의 부서 성과만을 우선시하는 경향이 있을 수 있다. 이러한 부서 이기주의가 평가 과정에 개입되면 오픈 이노베이션의 본래 목적이 흐려지고, 시장과 고객의 진정한 요구와 동떨어진 주제가 선정될 위험이 있다.

또한 평가자 간 의견 조율이 어려운 상황이 발생할 수 있다. 이런 경우, 전사적 전략을 깊이 이해하는 임원이 조정자 역할을 맡아 평가 과정에 참여하는 것이 바람직하다. 임원의 참여는 회사의 전략적 방향성을 반영하는 데 있어 중요한 역할을 하며, 최종적으로 가장 적합한 협업 니즈가 선정될 수 있도록 도울 것이다.

체계적이고 공정한 평가는 오픈 이노베이션 프로그램의 성공을 뒷받침하는 중요한 단계다. 이를 통해 회사에 실질적인 도움이 되는 협업 주제를 선정하고, 궁극적으로 기업의 혁신과 성장을 이끌어낼 수 있다.

● 3단계: 스타트업 모집 및 선발 – 혁신의 파트너를 발굴하다.

오픈 이노베이션 프로그램의 성패는 적합한 스타트업 선정에 달려 있다. 스타트업 선정은 단순한 매칭 게임이 아니다. 회사의 니즈와 스타트업의 역량이 조화롭게 어우러지는 지점을 찾아내는 정교한 과정이다. 스타트업 선정 시 고려해야 할 요소들은 다양하다.

첫 번째로, 스타트업의 기술 적합성이 핵심적인 평가 요소이다. 회사가 오픈 이노베이션을 통해 해결하고자 하는 문제에 대한 구체적인 솔루션을 제시할 수 있는 스타트업을 찾아야 한다. 이때 기술의 혁신성뿐만 아니라, 그 기술이 회사의 비즈니스에 얼마나 실질적으로 기여할 수 있는지에 대한 평가가 이루어져야 한다.

두 번째로, 스타트업의 성장 가능성과 팀 역량도 중요한 고려 사항이다. 스타트업이 가진 기술이 우수하더라도, 그들이 일정기간 동안 안정적이고 적극적인 협업을 이어갈 수 있는지를 살펴보아야 한다.

이 과정에서 창업자의 리더십과 팀의 전문성, 그리고 사업 확장성에 대한 평가가 필요하다.

세 번째로, 협업 성공가능성을 평가해야 한다. 선정된 스타트업이 해당기업의 일하는 방식과 문화에 잘 융합될 수 있는지, 그리고 협력 과정에서 원활한 의사소통이 가능한지를 파악하는 것이 중요하다. 아무리 뛰어난 기술을 보유하고 있어도 협업이 순조롭게 진행되지 않으면 기대한 성과를 내기 어렵기 때문이다.

마지막으로, 시장성과 비즈니스 모델의 실현 가능성도 무시할 수 없는 요소다. 스타트업이 제시하는 솔루션이 실제 시장에서 수요가 있는지, 상용화 가능성이 있는지를 확인해야 한다. 스타트업의 솔루션이 단순히 기술적 우수성을 넘어 시장에서 실질적인 성과를 창출하는 데 기여할 수 있어야 할 것이다.

스타트업의 모집과 선발과정에서 액셀러레이터(AC)나 벤처캐피탈(VC)과의 협업이 매우 유용하다. 이들은 이미 검증된 스타트업 네트워크를 보유하고 있어, 기업이 오픈 이노베이션에 적합한 스타트업을 보다 빠르고 효율적으로 찾는 데 큰 도움을 준다. 또한, 액셀러레이터와 VC는 스타트업의 성장 가능성과 시장성을 검토한 경험이 많기 때문에, 기업이 스타트업 선정 시 더 나은 결정을 내릴 수 있도록 지원할 수 있다. 이와 같은 외부 전문가들과의 협업은 선정 과정의 신뢰성을 높인다. 또한 오픈 이노베이션 프로그램 취지에 부합하고 협업성공 가능성이 높은 스타트업을 발굴하는데 도움이 된다.

최종적으로, 선정된 스타트업이 회사의 오픈 이노베이션 전략에 부합하는지 다시 한번 검토하는 과정을 갖는 것이 좋다. 아울러, 선정 후보에 올랐으나 최종 선발되지 않은 스타트업에 대해서는 그 이유를 정중하게 안내하는 것이 필요하다. 비록 해당 차수에 선발되지 않았더라도 프로그램 참여를 신청한 스타트업은 잠재적 협력파트너이자 고객이기도 하다. 친절하고 정중한 안내를 통해 미선발된 스타트업과도 좋은 관계를 형성할 수 있다. 미선발된 스타트업 입장에서도 개선해야 할 점을 명확히 파악할 수 있게 되며, 자신들의 사업과 비즈니스 모델에 대해 살펴볼 수 있는 계기가 된다.

● **4단계: 매칭 및 협업목표 설정 – 혁신의 청사진을 그리다.**

스타트업 선정 후, 실제 협업 니즈를 제안한 부서와의 매칭을 통해 현실적이고 실질적인 협업 목표를 설정하는 단계는 오픈 이노베이션 과정에서 필수적이다. 이때 설정하는 목표는 1단계에서 전사적 관점으로 설정한 오픈 이노베이션 프로그램의 목표와는 다르다. 1단계에서는 기업 전체의 오픈 이노베이션 전략을 기반으로 포괄적인 목표를 설정했다면, 4단계에서는 선발된 스타트업과의 협업을 통해 구체적이고 달성 가능한 성과를 도출하는 데 초점을 맞춘 프로젝트별 목표설정을 진행해야 한다.

협업 목표는 양측의 기술적 역량과 비즈니스 니즈를 바탕으로 현실적이고 도달 가능한 방식으로 설정해야 한다. 해당부서가 해결하려는 문제와 매칭된 스타트업이 제공할 수 있는 솔루션을 명확히 정의하고, 이를 통해 양측이 기대하는 성과를 구체화하는 것이 핵심이다. 이 과정에서는 과도한 목표를 설정하기보다는 양측이 달성 가능한 현실적인 목표를 설정하는 것이 바람직하다.

협업의 목표는 측정가능한 KPI(Key Performance Index) 형태로 지표화하는 것을 권장한다. KPI는 협업의 진행 상황을 평가할 수 있는 객관적인 기준을 제공하며, 기술적 진척, 일정 준수, 예산 활용, 시장 반응 등을 측정하는 데 도움이 된다. 이를 통해 협업의 목표가 명확하게 정의되고, 진행 상황을 지속적으로 모니터링할 수 있다.

양측의 역할과 책임을 명확히 구분하는 것도 필요하다. 기업과 스타트업이 협력하는 과정에서 각자의 역할이 불명확하면 업무 중복이나 혼선이 발생할 수 있다. 따라서 협업 초기 단계에서 각 팀의 책임 범위를 명확히 설정하고, 협력 방식을 구체화함으로써 효율적인 협업이 가능하도록 해야 한다.

또한 협업의 기간과 단계별 마일스톤 설정에 대하여 공감대를 형성해야 한다. 오픈 이노베이션 프로그램을 통한 협업은 대개 한정된 기간 내에 성과를 내야 하므로, 일정 관리와 마일스톤 설정을 통해 명확한 시간적 목표설정이 필요하다. 이를 통해 협업 진행 속도를 조율하고, 성과를 일정에 맞춰 도출할 수 있다.

개별목표설정 과정에서 비밀유지협약(NDA)을 체결하면 향후 협업에 도움이 되는 경우가 많다. 협업을 진행하는 동안 기업과 스타트업 간에는 다양한 데이터와 기술을 교환하게 되는데, 이를 보호하기 위한 법적 장치가 필요한 것이다. NDA를 체결하면 데이터 남용, 기술 탈취 등의 문제를 예방하고, 협업 초기 단계부터 상호 신뢰를 구축할 수 있다.

리스크 관리 계획을 마련하는 것도 중요하다. 협업 과정에서 예상치 못한 문제나 장애물이 발생할 수 있다. 상호 합의된 리스크 관리계획이 있다면 기업과 스타트업 모두가 리스크를 사전에 예방할 수 있고 문제 발생 시 신속하게 대응할 수 있을 것이다.

이러한 세심한 준비와 계획으로, 기업과 스타트업은 본격적으로 오픈 이노베이션 협력을 시작할 수 있다.

● 5단계: 협업 및 결과물 산출 – 혁신을 현실로 구현하다.

협업 프로젝트별 목표가 명확히 설정되면, 이제는 실질적인 협력을 통해 목표를 달성하고 결과물을 산출하는 단계로 넘어간다. 이 단계는 기업과 스타트업 간의 협업이 본격적으로 이루어지는 시점으로, 양측의 역량을 긴밀하게 결합하여 구체적인 성과를 도출하는 것이 핵심이다.

본격적으로 협업에 착수하는 과정에서 대기업과 스타트업 모두 오픈 이노베이션 프로그램에 참여하기 전에 각자의 기존 업무가 있었다는 점을 간과해서는 안 된다. 대기업 부서는 이미 매출 달성, R&D 등의 조직적 미션을 부여받고 있으며, 스타트업 역시 각종 지원사업 참여, 전시회 준비, 그리고 타 기업과의 협력 등으로 바쁘다. 그럼에도 불구하고, 양측 간의 협력 목표가 설정된 이상, 성실하고 최선을 다해 협업에 임해야 한다. 오픈 이노베이션 업무가 추가적인 부담이 될 수 있지만, 협력의 성공 여부는 전적으로 양측이 얼마나 헌신하느냐에 달려 있다.

협업 과정에서 대기업의 조직 개편으로 인해 담당자가 변경되거나, 스타트업은 담당자가 퇴사하는 등의 이유로 불가피하게 업무 공백이 생길 수 있다. 이러한 상황이 발생할 경우, 협업에 혼선이 생길 수 있지만, 그럼에도 불구하고 양측은 책임감 있게 협력에 임해야 한다. 담당자가 바뀌거나 일시적인 업무 공백이 생기더라도 협업의 연속성을 유지하고, 성과를 도출하기 위한 최선의 노력을 지속해나가는 자세가 필요하다.

본격적인 협업에 착수하게 되면 다음과 같은 노력이 요구된다. 첫 번째로, 투명하고 명확한 의사소통체계를 마련해야 한다. 기업과 스타트업 간의 협업은 다양한 이해관계자가 참여하는 복잡한 과정이기 때문에, 이를 성공적으로 이끌기 위해서는 명확하고 지속적인 의사소통이 필수적이다. 정기적인 회의와 실시간 피드백을 통해 협업 상황을 공유하고, 목표 달성을 위해 필요한 수정사항을 즉각적으로 반영하는 것이 필요하다.

두 번째로, 협업 도구를 적극 활용해야 한다. 협업 소프트웨어, 프로젝트 관리 도구, 데이터 분석 도구 등을 적절히 활용하면 협업 과정에서의 혼선과 비효율을 줄일 수 있으며, 양측이 동일한 기준으로 협업 진행 상황을 파악할 수 있다.

세 번째로, 당연한 말이겠으나 각자의 역할과 책임을 적극적으로 수행하는 것이 중요하다. 협업 초기 단계에서 정의된 역할에 따라, 기업과 스타트업이 맡은 바 책임을 다해야 한다. 이 과정에서 기업은 자사의 내부 자원을 활용하여 스타트업이 필요로 하는 지원을 제공하고, 스타트업은 자신의 기술적 강점을 최대한 발휘하여 기업의 니즈를 해결하는 데 집중해야 한다.

네 번째로, 합리적인 문제해결 장치를 마련해야 한다. 협업 과정에서는 예기치 않은 문제나 장애물이 발생할 수 있다. 기술적 난관, 일정 지연, 자원 부족 등의 문제가 있을 때, 이를 신속하게 해결하는 능력이 협업의 성패를 좌우할 수 있다. 이를 위해 기업과 스타트업은 유연한 자세로 문제 해결에 적극적으로 나서야 하며, 필요시 제3의 전문가나 추가 인력을 투입하는 방안도 고려할 수 있다.

다섯 번째로, 중간 산출물을 지속적으로 검토하고 조정하는 절차를 마련해야 한다. 목표 달성에 이르는 과정을 중간 중간 평가하고, 초기 설정된 성과 지표(KPI)를 바탕으로 현재 진행 상황을 측정함으로써 협업이 올바른 방향으로 진행되고 있는지 확인할 수 있다. 이를 통해 잘못된 방향으로 흘러가는 상황을 미연에 방지하고, 필요한 조치를 취할 수 있다.

끝으로 협업 산출물에 대한 최종리뷰와 활용에 대한 공식적인 논의가 필요하다.

협업을 통해 기업과 스타트업이 공동으로 도출한 결과물은 기술적 해결책일 수도 있고, 새로운 비즈니스 모델, 혹은 상용화 가능한 제품일 수도 있다. 이때 도출된 결과물이 초기 협업 목표에 부합하는지, 실질적인 성과를 창출할 수 있는지를 검토해야 한다. 또한, 산출된 결과물을 어떻게 활용할지에 대한 후속 계획도 마련해야 한다. 이는 기업 내부에서의 활용 방안뿐만 아니라, 시장에서의 상용화 및 확장 가능성에 대한 계획도 포함된다.

● 6단계: 결과평가 및 피드백 - 성과검증하고 미래를 설계하다.

협업결과물이 산출된 후에는, 결과 평가 및 피드백을 진행하는 단계로 넘어간다. 이 단계는 협업의 성공 여부를 객관적으로 평가하고, 향후 협업의 개선 방향을 모색하는 데 중요한 역할을 한다. 평가와 피드백을 통해 양측은 협업에서 얻은 교훈을 정리하고, 이를 향후 협력이나 프로젝트에 반영할 수 있다.

대부분 주요 기업의 오픈 이노베이션 프로그램은 한정된 기간 내에서 운영될 수밖에 없다. 이러한 제한된 시간 안에서 성과를 도출해야 하는 경우가 많기 때문에, 프로그램이 끝났을 때 산출물의 완성도가 기대수준에 미치지 못할 수 있다. 산출물의 완결성이 다소 부족하더라도 유연한 평가가 필요하다. 협력 상황에 맞게 성과를 재조정하고, 미흡한 부분이 있더라도 개선 가능성을 염두에 두고 평가하는 것이 바람직하다.

결과평가와 피드백단계에서는 다음과 같은 사항들을 고려해야한다.

첫째, 당초 설정한 성과지표(KPI)에 따라 객관적으로 협업결과를 평가해야 한다. 협업 초기 단계에서 설정한 성과지표(KPI)를 기준으로, 기술적 목표, 상업적 목표, 일정 준수 여부, 비용 효율성 등 다양한 요소를 종합적으로 고려하여 협업의 결과물을 평가한다.

둘째, 협업 과정에서 발생한 문제와 이를 해결한 방법에 대한 평가도 필요하다. 협업이 진행되는 동안 직면했던 장애물과 문제들이 어떻게 해결되었는지, 문제 해결 과정에서 양측의 대응이 적절했는지를 분석하는 것이 중요하다. 이 과정에서 발생한 문제에 대해 협업 팀이 어떻게 대처했는지에 따라 향후 협업의 효율성을 높일 수 있기 때문이다.

셋째, 스타트업과 대기업 간의 협력 시너지를 평가하는 것이 중요하다. 양측이 협업을 통해 어떠한 시너지 효과를 냈는지, 그 효과가 협업 이전에 예상했던 바와 일치하는지를 검토해야 한다. 만약 예상보다 협업 성과가 부족했다면, 그 원인을 분석하고 앞으로 개선해야 할 점을 도출하는 것이 중요하다.

넷째, 솔직하고 투명한 피드백은 향후 협업 개선을 위해 필수적이다. 일반적으로 대기업이 스타트업에게 일방적으로 피드백을 제공하는 경우가 많다. 그러나 스타트업이 대기업에게 피드백을 적극적 제공하는 것도 의미있는 일이다. 협업 과정에서 대기업의 구조적 문제나 의사소통의 비효율성 등 스타트업이 겪었던 어려움을 솔직하게 전달함으로써, 대기업도 향후 협업 과정에서 개선할 수 있는 점을 파악할 수 있게 된다. 투명한 피드백 과정을 통해 서로의 입장을 이해하고, 이후의 협력에서 더 나은 결과를 도출할 수 있는 기반을 마련할 수 있다. 이 과정에서는 양측이 직면했던 어려움뿐만 아니라, 성공적인 요소에 대한 피드백도 제공함으로써 긍정적인 경험을 강화할 수도 있다.

다섯째, 향후 협업에 대한 후속 계획을 마련하는 것이 필요하다. 협업이 일회성에 그치지 않도록 이번 협업의 성과를 바탕으로 장기적인 협력 관계를 구축할 수 있는 기회를 탐색해야 한다. 성공적인 협업이라면, 양측은 이를 바탕으로 향후 추가적인 프로젝트나 협업 기회를 모색할 수 있으며, 미진한 성과가 있었다면 개선점을 중심으로 다시 협력할 수 있는 방안을 논의할 수 있다.

결과 평가가 끝나면 내부 임원 등을 초대하여 성과 발표회를 진행하는 경우가 많다. 그러나 이러한 행사가 불필요한 의전이나 형식적인 요식행위가 되지 않도록 주의해야 한다. 대기업이나 중견기업은 행사 자체보다는 협업의 본질과 성과에 집중하는 자세를 견지하는 것이 중요하다.

● 7단계: 사업화 및 투자 - 혁신을 시장으로 연결하다.

사업화 및 투자는 오픈 이노베이션의 결실을 맺는 단계다. 이 단계는 협업을 통해 도출된 결과물을 실제 시장에서 상용화하거나 기업 내부에서 전략적으로 활용하는 과정과 함께, 협업한 스타트업에 대한 투자 가능성을 검토하는 것을 포함한다. 오픈 이노베이션의 본원적인 목표가 실질적인 비즈니스와 재무적 기회로 연결하는 핵심이지만, 실제로 사업화까지 진전되는 확률은 냉정하게 보면 매우 낮다. 많은 프로그램이 탐색적 성격을 띠고 있고, 실제로 고객에게 선 보이는 단계까지 나아가기 위해서는 철저한 검증과 준비가 필요하기 때문이다.

사업화가 진행된다는 것은 양측 모두 신중한 판단을 해야 한다는 의미다. 이전 단계까지 스타트업은 성장을 위한 레퍼런스를 확보하고, 대기업은 새로운 가능성을 탐색하는 수준이었다면, 이제는 실제 고객에게 상품과 서비스를 제공하는 단계로 접어든다. 따라서 검증해야 할 요소가 훨씬 많아지며, 기술적 완성도뿐만 아니라 책임 소재나 법적 리스크 등 여러 복합적인 요소들이 추가로 고려해야 한다.

이 단계에서는 다음과 같은 사항들을 점검해야 한다.

첫째, 시장 검증 및 분석이 필수적이다. 협업을 통해 도출된 결과물이 실제 시장에서 얼마나 수요가 있는지, 고객의 요구에 부합하는지에 대한 철저한 검토가 필요하다. 또한, 결과물이 고객에게 실제 가치를 제공할 수 있는지, 시장에서 성공적으로 자리 잡을 수 있는지에 대해 심도 있는 검토를 거쳐야 한다.

둘째, 내부 적용 가능성도 검토해야 한다. 결과물이 반드시 외부 시장에 출시될 필요는 없다. 기업 내부 프로세스를 개선하거나 비용 절감 등의 목적으로 활용될 수 있다면, 내부 적용을 통해 기업 경쟁력을 강화하는 방안도 고려할 수 있다.

셋째, 사업화 및 투자 전략 수립이 필수적이다. 사업화 전략은 시장 진입, 마케팅 계획, 유통 채널 선정 등을 포함하며, 상용화를 위한 추가 자원이나 투자, 인프라 확보 계획도 필요하다. 협업 과정에서 해당 스타트업의 성장 가능성을 발견하거나, 자사와의 협력을 통해 새로운 시장 창출 및 매출 확대를 기대할 수 있는 경우, 해당 스타트업에 대한 투자를 통해 협업을 더욱 공고히 할 수 있다. 이때, 사업확장성과 투자 대비 수익을 철저히 분석하며, 법적 검토도 반드시 수반되어야 한다.

넷째, 협력 관계 확대 가능성도 고려해야 한다. MOU 체결, 인수합병(M&A), 애크하이어(Acquihire) 등의 방안을 검토할 수 있다. 양사가 사업화 및 투자 추진을 통해 협력 범위를 확대할 경우, 양해각서(MOU)를 체결하거나, 더 나아가 대기업이 스타트업을 인수하는 M&A나 스타트업 팀을 흡수하는 애크하이어를 추진할 수도 있다. 이 과정에서는 깊이 있는 법무검토와 재무검토가 수반되어야 한다.

다섯째, 리스크 관리와 책임 소재의 명확화가 중요하다. 사업화 및 투자 과정에서 예상치 못한 문제나 리스크가 발생할 수 있으므로, 이를 사전에 파악하고 관리하는 계획을 수립해야 한다. 향후 발생가능한 다양한 문제에 대한 책임 소재를 분명히 하고, 계약서 체결을 통해 양측의 의무와 책임을 명확히 해야 한다.

사업화 및 투자는 오픈 이노베이션의 최종 목표이자 중요한 단계다. 성공적인 상용화와 함께 투자 기회가 더해진다면, 기업은 새로운 성장 동력을 확보하게 되고, 스타트업은 자사의 기술이 시장과 투자자에게 인정받는 중요한 기회를 얻게 된다. 이를 통해 양측은 상호 이익을 창출하며, 지속 가능한 협력 관계를 구축할 수 있다.

● 8단계: 스케일업 및 수익실현 – 혁신의 가치를 극대화하다.

수익 실현은 오픈 이노베이션 협력을 통해 양사가 공동으로 추진하는 사업에서 실질적인 재무적 성과를 창출하는 단계다. 이는 크게 두 가지 형태로 나뉜다. 협업의 결과물인 제품이나 서비스를 통한 매출 확대와 스타트업의 성장 단계에서 지분을 활용한 이익 실현이다.

수익실현을 위해 다음과 같은 두가지 접근 방식을 적용할 수 있다.

첫째, 공동 사업화 제품/서비스를 통한 매출 창출 및 스케일업이다. 양사는 공동으로 개발한 제품이나 서비스가 시장에서 빠르게 성장하고 확장될 수 있도록 스케일업 전략을 수립하고, 이를 지원하기 위해 적극적인 마케팅과 영업 활동을 펼친다. 스케일업을 위해서는 타겟 시장을 명확히 설정하고 고객 접점을 강화하는 마케팅 전략과 함께 효과적인 유통 채널을 구축하는 것이 중요하다. 이 과정에서 양사는 초기 성공을 빠르게 확장해 안정적인 수익원을 확보하는 것을 지향해야 한다. 다양한 판촉 활동을 통해 시장 점유율을 높이고, 소비자와의 신뢰를 강화하여 지속적인 성장을 위한 기반을 마련하는 것이 필요하다. 이를 통해 공동 사업화가 실질적인 매출로 이어지고, 양사의 협업

성과가 극대화 될 수 있다.

둘째, 스타트업의 후속 투자 유치 또는 기업공개(IPO)를 통한 지분 가치 실현이다. 협업 과정에서 스타트업이 성장 가능성을 인정받아 자금을 추가로 확보할 필요가 있을 경우, 후속 투자 유치 또는 기업공개(IPO)를 통해 자본을 조달하게 된다. 이때 대기업은 보유 지분을 매각하여 재무적 성과를 실현할 수 있다. 후속 투자 유치는 스타트업이 새로운 성장 동력을 얻는 계기가 되며, IPO는 시장에서 스타트업의 가치를 공식적으로 인정받는 중요한 과정이다. 이를 통해 대기업은 초기 협력의 성과를 재무적 성과로 연결하며, 향후 재투자나 다른 스타트업과의 협력 가능성도 높일 수 있다.

정리하자면, 수익 실현 단계는 협력의 결과물을 통해 직접 매출을 창출하는 스케일업 방식과 스타트업의 성장 단계에서 지분을 통해 간접적으로 이익을 실현하는 방식으로 이루어진다. 특히, 오픈 이노베이션 활동을 통해 실질적인 수익 실현 경험을 축적하게 되면, 이는 향후 오픈 이노베이션 프로그램 진행 시 기업이 더욱 적극적인 자세로 임하게 하는 중요한 동기가 된다. 성공적인 수익 실현은 양사의 협업을 더욱 가치 있게 하고, 지속 가능한 파트너십으로 이어질 수 있는 중요한 기반이 된다.

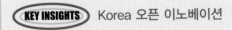 **KEY INSIGHTS** Korea 오픈 이노베이션

1. 한국적 오픈 이노베이션 등장

대한민국의 오픈 이노베이션은 1990년대 말 IMF 경제 위기 이후 대기업 중심의 폐쇄적 혁신에서 벗어나 외부와의 협력을 통한 개방형 혁신의 개념이 출현하고 확대되기 시작했다. 정부의 정책적 지원과 대기업의 적극적인 참여가 이를 가속화했지만, 생태계 전반에 체계적인 접근과 개선이 여전히 필요한 상태다.

2. 이해관계자별 역할

대한민국의 오픈 이노베이션 생태계는 대기업, 엑셀러레이터, 벤처캐피탈, 정부 및 지원기관, 그리고 스타트업으로 구성된다. 대기업은 자원과 네트워크를 제공하며 혁신을 주도하고, 엑셀러레이터와 벤처캐피탈은 스타트업의 성장과 투자 유치 지원을 통해 생태계를 활성화한다. 정부는 창업 지원과 인프라 제공으로 생태계를 뒷받침하며, 스타트업은 유연성과 신속성을 활용해 혁신의 중심에서 생태계에 활력을 더한다.

3. 한국형 오픈 이노베이션 특징

대한민국의 오픈 이노베이션은 대기업 중심으로 이루어지는 경우가 많으며, 사회공헌 활동의 성격을 띠는 경우도 있다. 오픈 이노베이션의 성공적인 실행을 위해서는 명확한 목표 설정, 부서 간 협업 강화, 그리고 지속적인 생태계 개선 노력이 필요하다.

4. 소통채널과 주요행사

오픈 이노베이션의 소통 채널인 홈페이지, SNS, 온라인 커뮤니티 등은 이해관계자 간의 소통을 촉진하고 생태계 활성화에 크게 기여하고 있다. 또한, 창업 경진대회와 데모데이와 같은 오프라인 행사는 스타트업에게 다양한 기회를 제공하며, 대기업에게는 유능한 스타트업을 발굴하는 데 큰 도움을 준다.

5. 향후 과제

대기업의 관료주의와 스타트업의 자원과 경험 부족 문제를 해결하고, 협력 과정에서의 신속한 의사결정 및 지적 재산권 보호를 강화해야 한다. 생태계 전반에서의 효율적 협업과 지속 가능한 성장을 위한 전략적 지원이 중요하다.

제 **4** 장

How
오픈 이노베이션

산은 올라가는 만큼의 경치를 보여준다. 비록 정상에 오르지 못하더라도, 등산 과정에서 새로운 시야와 경험이 열리기 마련이다. 입구에서는 보이지 않던 다양한 길, 나무, 그리고 산짐승들을 마주하며, 정상으로 향하는 여정에서 많은 것을 배울 수 있다. 정상에 도달하려는 노력이 쌓일수록 성공 가능성은 높아지고, 더 높은 산을 정복할 수 있는 능력과 경험이 축적된다.

오픈 이노베이션도 이와 크게 다르지 않다. 조인트 벤처 설립이나 공동 서비스 출시와 같은 원대한 목표를 세우며 협력을 시작하지만, 그 목표를 달성하는 일은 결코 쉽지 않다. 헨리 체스브로 교수는 "혁신의 대부분은 실패한다. 하지만 혁신하지 않는 기업은 결국 망한다(Most innovations fail. And companies that don't innovate die)"고 말했다. 혁신에 도전하는 것은 실패 확률이 높음에도 불구하고 도전할 가치는 충분하다. 다만, 기업들은 혁신에 적극적으로 도전하되 실패확률을 낮추기 위한 노력을 소홀히 하지 말아야 할 뿐이다.

현실에서는 협업을 제대로 시작하기도 전에 중단되는 경우가 부지기수다. 중요한 점은 최종 목표에 도달하지 못하더라도, 그 과정에서 얻는 경험이 모든 참여자의 역량으로 축적된다는 사실이다. 기업, 스타트업, 그리고 지원기관 모두가 시행착오를 겪으며 노하우를 쌓아갈수록 더욱 실효성 있는 오픈 이노베이션을 실현할 수 있다.

이러한 경험이 쌓일수록 향후 더 큰 성공 가능성이 열리고, 혁신적인 협력 모델을 개발할 기반이 마련된다. 이번 장에서는 대기업, 스타트업, 그리고 지원기관이 오픈 이노베이션을 성공적으로 수행하기 위한 실질적인 팁을 제시하고자 한다.

4-1

/

성공적인 오픈 이노베이션을
위한 공동의 과제

미국의 전략 컨설팅 회사인 루미너리 랩스(Luminary Labs)는 미국 내 오픈 이노베이션에 관한 보고서를 통해, 오픈 이노베이션이 단순히 부가적인 활동을 넘어 기업의 핵심 목표 달성을 위한 필수 요소로 자리 잡았음을 강조하고 있다. 보고서에 따르면, 조사 대상 기업 중 77%가 오픈 이노베이션 프로그램을 운영 중이며, 61%는 이를 조직의 미션과 전략에 중요한 요소로 인식하고 있다고 밝혔다. 이는 오픈 이노베이션이 기업의 성장을 위한 필수적 접근법으로 자리매김했음을 보여준다.

그렇다면 대기업과 스타트업이 오픈 이노베이션을 성공적으로 추진하기 위해 필요한 것은 무엇일까?

오픈 이노베이션의 성공은 단순히 몇 개 팀이나 조직 간의 협력만으로 이루어지지 않는다. 이를 위해서는 내부의 다양한 부서는 물론, 외부 파트너, 스타트업, 연구소, 정부 기관 등 여러 이해관계자들이 긴밀히 협력해야 한다. 하지만 이러한 협력을 성공적으로 이끌기 위해서는 몇 가지 중요한 과제가 해결되어야 한다. 특히 인식의 차이, 원활한 소통의 부재, 그리고 지적재산권 문제는 성공적인 오픈 이노베이션을 가로막는 주요 장애물로 지적된다.

이러한 이슈들은 협력 초기 단계에서부터 지속적으로 관리해야 한다. 이 장에서는 이러한 장애물을 극복하고, 대기업과 스타트업이 보다 효과적으로 협력할 수 있는 방법을 탐구하고자 한다.

● 협업에 관한 인식

오픈 이노베이션은 서로 다른 주체 간의 협력을 통해 이루어진다. 이를 성공적으로 추진하기 위해서는 각 주체가 '다름'을 인정하고 이해하는 태도가 필수적이다. 대기업과 스타트업은 기업의 철학, 목표, 일상 업무 주기에서 본질적으로 큰 차이를 보인다. 예를 들어, 스타트업은 사업 아이템의 성공과 생존에 집중하는 반면, 대기업 구성원들은 주로 승진과 조직 내 위상에 더 많은 관심을 갖는다. 또한 대기업은 연초에 조직을 정비하고 목표를 설정한 뒤 연말에 이를 평가하는 구조를 가지고 있다. 반면, 스타트업의 업무전반은 변동성이 크다. 정부 지원사업을 신청하고 수행하며 항상 투자 유치와 관련된 활동을 추진하는 동시에 자신들의 본질적인 경쟁력 강화를 위해 노력한다.

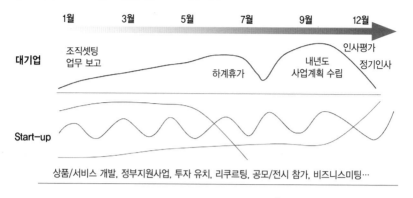

[대기업과 스타트업의 연간 업무 사이클(예)]

1월 3월 5월 7월 9월 12월

대기업 : 조직셋팅 업무 보고 / 하계휴가 / 내년도 사업계획 수립 / 인사평가 정기인사

Start-up

상품/서비스 개발, 정부지원사업, 투자 유치, 리쿠르팅, 공모/전시 참가, 비즈니스미팅…

이처럼 상반된 환경과 목적을 가진 주체들이 효과적으로 협력하기 위해서는 각자의 우선순위와 가치를 존중하고 배려하는 자세가 필요하다.

상호 이해의 중요성

오픈 이노베이션이 성공하기 위해서는 각 주체가 서로의 목적과 기대치를 명확히 이해하는 것이 기본이다. 대기업은 스타트업이 가진 민첩하고 혁신적인 접근 방식을 이해해야 하며, 스타트업은 대기업의 복잡한 의사결정 과정과 장기적인 전략을 이해할 필요가 있다. 마치 축구 경기에서 공격수와 수비수가 각자의 역할을 명확히 인지하고 협력해야 팀이 승리할 수 있듯이, 오픈 이노베이션에서도 각자의 강점과 약점을 정확히 이해하고 협력해야 한다.

상대방에 대한 인정과 존중

대기업과 스타트업, 학계와 산업계 등 서로 다른 문화적 배경을 가진 조직들이 협력할 때는 상대방의 차이를 인정하고 존중하는 태도가 중요하다. 이를 위해서는 내 가족이 상대방 입장에서 일을 한다고 가정하고 협업에 임하면 좋겠다. 가족이 다른 환경에서 고군분투하고 있다고 생각하면 우리는 그들의 어려움을 더 잘 이해하려 노력하고, 그들에게 무엇이 도움이 될지 고민할 것이다. 이러한 역지사지(易地思之)의 태도는 협력의 장벽을 허물고 오해와 갈등을 예방하는 데 중요한 역할을 한다. 반면, 이러한 태도가 부족하다면 서로의 차이를 이해하지 못해 갈등이 발생할 수 있고, 이는 오픈 이노베이션의 성공을 가로막는 장애물이 될 수 있다.

공동 목표의 설정

앞서서 협업 목표설정에 대해 강조했듯이 오픈 이노베이션의 방향성을 명확히 하기 위해서는 모든 참여자가 공통의 목표를 설정하는 것이 필수적이다. 목표는 협력의 나침반과 같아서 명확한 목표가 없다면 각 주체가 다른 방향으로 나아가 협력의 효과가 반감될 수 있다. 공통의 목표는 신뢰를 쌓고 협력의 성과를 극대화하는 데 중요한 역할을 하며, 이를 통해 각 주체는 협력의 큰 그림을 함께 공유할 수 있다. 명확한 목표를 설정하면 참여자들은 협력의 방향성을 잃지 않고 실질적이고 효과적인 협력을 이룰 수 있다.

● 소통

두 번째 중요한 과제는 소통이다. 오픈 이노베이션에 참여하는 각각의 이해관계자는 서로 다른 나이대와 배경지식을 가지고 있을 뿐만 아니라, 지향하는 바와 업무 방식도 상이하기 때문에 소통 자체가 쉬운 일이 아니다. 이는 마치 서로 다른 언어를 사용하는 사람들이 한 테이블에 앉아 대화하려는 것과 유사하다. 대기업, 스타트업, 그리고 지원기관은 각자의 용어와 도구를 통해 소통하는 경향이 있어, 서로 간의 이해를 어렵게 만드는 경우가 많다. 예를 들어, 스타트업에서 주로 사용하는 용어와 독특한 표현 방식을 두고 '판교 사투리'라고 부르기도 한다. 이는 스타트업 분화에서 사용되는 특정 용어나 방식이 다른 조직에서는 생소하게 느껴진다는 점을 상징적으로 보여준다. 업무 방식에서도 스타트업은 노션(Notion)과 같은 협업 툴을 활용해 빠르고 직관적인 소통을 선호하는 반면, 지원기관은 여전히 한글(HWP) 문서를 사용해 업무를 처리하고, 대기업은 내부 보고용 PPT를 주요 소통 수단으로 삼는다. 이처럼 서로 다른 도구와 언어, 문화가 혼재하면서 소통의 장애물이 발생할 수밖에 없다.

이러한 소통의 격차를 좁히기 위해서는 몇 가지 중요한 전략이 필요하다.

투명한 의사소통

소통은 협력의 중심을 잡아주는 컴퍼스와 같다. 중심이 흔들리면 원을 제대로 그릴 수 없듯이, 각 주체가 자신의 목적과 기대를 명확히 전달해야 협력의 중심이 흔들리지 않는다. 이를 위해 정기적인 회의와 명확한 보고 체계를 구축하고, 모든 중요한 사항을 투명하게 공유하는 것이 필수적이다. 투명한 의사소통은 협력의 방향성을 유지하고 신뢰를 형성하는 데 핵심적인 역할을 한다.

적극적인 피드백

피드백은 협력 과정에서의 윤활유와 같다. 기계가 원활하게 작동하려면 지속적인 기름칠이 필요하듯, 피드백을 통해 문제점과 개선사항을 신속히 공유해야 한다. 이때 중요한 것은 단순히 평가를 넘어 서로의 성공을 촉진하는 방향으로 피드백을 주고받는 것이다. 마치 등산로에서 동료의 뒤를 밀어주는 것처럼, 피드백은 협력의 질을 높이고 더 나은 결과로 이끄는 데 중요한 역할을 한다.

상호 배려와 존중

소통 과정에서 상호 배려와 존중 역시 협력의 안정성과 성과를 보장하는 핵심 요소다. 협력이 성공하려면 각 주체가 상대방의 의견을 진심으로 경청하고, 서로 다른 관점을 이해하려는 열린 태도를 가져야 한다. 만약 배려와 존중이 부족하다면, 수많은 미팅과 협업 과정이 불안함과 답답함의 연속이 될 수 있다. 이는 협력의 본질을 흐리게 하고, 결과적으로 참여자 간의 노력이 겉돌 수밖에 없게 만든다. 상대방의 입장을 이해하고 존중하는 태도는 상호간의 신뢰를 형성하고 이는 협업을 한 방향으로 정렬시키는 데 필수적이다.

기술적 소통 도구의 활용

디지털 시대의 소통은 물리적 거리와 시간의 제약을 뛰어넘는다. 노션(Notion), 슬랙(Slack), 줌(Zoom)과 같은 다양한 소통 도구는 서로를 항상 연결해주는 다리 역할을 한다. 그러나 이러한 도구는 목적이 아닌 수단임을 명심해야 한다. 마치 도로가 목적지가 아니라 이동을 돕는 수단이듯, 협업 플랫폼과 각종 생산성 강화 솔루션들은 소통을 효율적으로 만들어주지만, 그 본질은 여전히 사람 간의 신뢰와 이해라는 점을 잊어서는 안 된다.

● 지적재산권

오픈 이노베이션에서 지적재산권 보호는 서로에게 협력의 안전망 역할을 한다. 지적재산권은 새로운 기술, 아이디어, 혁신을 보호하는 법적 권리로, 이를 통해 창출된 가치를 인정해주고 그것을 효과적으로 활용할 수 있게 한다. 특히 스타트업에게 있어서 기술은 생존과 성장을 좌우하는 핵심 자산이자 경쟁력을 결정짓는 요소다. 그러나 대기업이나 지원기관은 이러한 기술의 중요성을 충분히 이해하지 못하거나, 보안 유지의 필요성을 간과하는 경우가 있다. 이는 협업 과정에서 신뢰를 저해하며 향후 큰 문제로 이어질 소지를 내포하고 있다.

지적재산권에 대한 명확한 인식과 보호 체계가 없다면 협업은 실패로 끝날 뿐 아니라, 법적 분쟁이라는 심각한 결과로 이어질 수 있다. 대기업이 스타트업의 기술을 적절히 보호하지 않거나, 기술 사용에 대한 명확한 합의가 없을 경우 기술 도용이나 데이터 유출 같은 문제가 발생할 수 있다. 이는 협력 관계를 파탄으로 몰고 갈 뿐만 아니라, 소송이라는 극단적 상황으로 이어질 가능성도 배제할 수 없다. 따라서 오픈 이노베이션의 성공을 위해 각 주체가 지적재산권의 중요성을 깊이 이해하고, 이를 보호하기 위한 명확한 절차를 마련하는 것이 필수적이다.

특히 스타트업에게 지적재산권은 단순한 보호 수단이 아니라, 시장에서 경쟁력을 유지하고 차별화를 가능케 하는 핵심 기반이다. 기술 유출이나 보안 문제는 협업의 실패를 넘어 스타트업의 생존 자체를 위협할 수 있다. 반대로, 지적재산권을 적절히 보호하고 전략적으로 활용할 경우, 스타트업은 오픈 이노베이션을 통해 성장 기회를 포착하고 초기 사업 단계에 겪는 '죽음의 계곡'을 빠르게 극복할 수 있다.

실제로 국내 스타트업 A사와 대기업 B사 간의 협업 사례는 지적재산권 보호가 얼마나 중요한지를 잘 보여준다. 헬스케어 디바이스를 개발한 A사는 B사와의 협업을 통해 시장 진출을 모색했으나, 협업 도중 B사가 유사한 제품을 자체적으로 개발했다는 의혹을 제기하며 사회적인 파장을 일으켰다. 이 사례는 협업 초기 단계에서 지적재산권 보호 체계를 명확히 마련하지 않으면 발생할 수 있는 문제를 경고하고 있다.

따라서 협업을 시작하기 전에 각 주체는 비밀유지협약(NDA), 라이선스 계약 등을 통해 지적재산권 보호와 관련된 명확한 합의를 이루어야 한다. 이를 통해 발생 가능한 법적 문제를 사전에 차단하고, 협력 관계를 더욱 견고히 할 수 있다.

4-2

대기업을 위한 오픈 이노베이션 성공제언

클라우스 슈왑(Klaus Schwab) 세계경제포럼 의장은 "새로운 세상에서는 큰 물고기가 작은 물고기를 잡아먹는 것이 아니라, 빠른 물고기가 느린 물고기를 잡아먹는다"라고 말했다. 이는 느리게 변화하는 대기업은 치열한 경쟁 속에서 생존하기 어렵다는 점을 시사한다.

과거에는 대기업이 독자적으로 제품과 서비스를 기획하고 개발해 시장에 출시하고 판매하는 방식으로 성공을 거두었다. 그러나 그러한 시대는 이미 막을 내렸다. 오늘날에는 혁신의 속도가 기업의 생존을 좌우하고 있다. 대표적으로 블록버스터(Blockbuster)와 넷플릭스(Netflix)의 사례가 이를 잘 보여준다. 비디오 대여 시장의 거물이었던 블록버스터는 디지털 스트리밍의 중요성을 늦게 깨닫는 바람에, 빠르게 변화하며 디지털 혁신을 이룬 넷플릭스에게 시장을 빼앗겼다. 이러한 사례는 혁신에 대한 대응 속도가 기업의 흥망성쇠를 결정짓는 중요한 요인임을 보여준다.

삼성전자의 경우도 마찬가지다. 현재 AI와 GPU 기술 분야에서 선도적인 위치를 점하고 있는 엔비디아(NVIDIA)와 같은 혁신 기업들이 반도체시장에서의 삼성전자 입지를 거세게 위협하고 있다. 이런 변화는 대기업이 기존 방식만으로는 경쟁력을 유지하기 어렵다는 점을 시사하며, 오픈 이노베이션이 혁신과 성장의 필수적인 돌파구로 떠오르고 있음을 강조한다.

오픈 이노베이션의 성공은 단순한 구호나 일사적인 프로젝트성 업무에 머무르지 않는다. 이는 조직 전체의 구조적 변화와 실행력을 요구하며, 전략적인 접근이 필수적이다. 대기업이 오픈 이노베이션을 성공적으로 추진하기 위해 고려해야 할 핵심 요소들을 다음과 같이 제안한다.

● 기업가 정신(Entrepreneurship) 강화

대기업이 오픈 이노베이션을 성공적으로 추진하기 위해 필수적인 요소 가운데 하나는 기업가 정신이다. 대기업과 스타트업의 가장 큰 차이는 바로 구성원들의 DNA에 스며든 기업가 정신의 수준에 있다. 기업가 정신은 불확실성을 감수하며 새로운 기회를 창출하고 이를 통해 성과를 이루는 능력을 의미하며, 이는 오픈 이노베이션을 통한 혁신을 실현하는 핵심 동력이다.

오스트리아 경제학자 슘페터(Schumpeter)는 기업가 정신을 "창조적 파괴"라고 정의하며, 기존의 틀을 깨고 새로운 방식으로 혁신을 추구하는 원동력으로 강조했다. 고(故) 아산 정주영 현대그룹 창업자의 사례는 기업가 정신의 중요성을 잘 보여준다. 그는 "해보기는 해봤어?"라는 도전적인 질문을 재임시절 임원들에게 던진 걸로 유명한데 이러한 정신을 기반으로 현대그룹을 글로벌 기업으로 성장시켰다. 정주영 회장의 도전과 실행의 태도는 기업가 정신이 새로운 기회를 발굴하는 데 얼마나 중요한지를 상징적으로 보여준다.

하지만 현실적으로 많은 국내 대기업은 구성원들이 기업가 정신을 함양하기 어려운 환경을 가지고 있다. 대기업은 안정성과 절차를 중시하는 구조를 가지고 있으며, 이는 실험과 도전을 위한 위험 감수를 주저하게 만드는 조직문화를 형성하는 경향이 있다. 또한, 내부업무 프로세스는 법무 검토, 회계 검토와 같은 각종 검토를 통하여 구성원들의, 자율적이고 창의적인 시도를 억제할 가능성이 농후하다. 이러한 구조 속에서 새로운 시도를 통하여 성장을 추구하려는 직원들은 종종 "모난 돌"로 여겨지며, 기존 체계와의 갈등이나 동료들의 반감을 사게 되어 새로운 도전에 대한 의지가 위축될 수 있다.

이를 극복하기 위해 대기업은 구성원들에게 임파워먼트(empowerment)를 강화해야 한다. 구성원들에게 자율성과 책임감을 부여하고, 자유롭게 의사결정을 내릴 수 있는 환경을 조성함으로써 새로운 기회를 창출하고 혁신을 이끌어낼 수 있도록 해야 한다. 만약 이러한 임파워먼트가 부족하다면, 대기업의 복잡한 보고 체계와 위계 구조 속에서 기업가 정신은 쉽게 꺾이고 말 것이다.

결론적으로, 대기업이 오픈 이노베이션을 통해 지속 가능한 성장을 이루기 위해서는, 구성원들이 기업가 정신을 발휘할 수 있도록 실패를 두려워하지 않는 환경을 마련하고, 도전을 장려하는 문화를 구축해야 한다.

● 탑다운 형태의 오픈 이노베이션 운영

혁신의 장애물 중 대부분은 CEO의 의지와 행동에 의해 극복될 수 있다. 글로벌 컨설팅 기업 PwC가 진행한 글로벌 CEO 조사에 따르면, 단기 성과 중심 운영(64%), 회사의 기술 역량 부족(70%), 관료적인 절차(50%), 내부 관계자의 지원 부족(49%) 등이 혁신의 주요한 장애물로 나타났다. 이러한 요인들은 대부분 CEO의 리더십과 의사결정을 통해 개선할 수 있는 영역이다.

오픈 이노베이션 실행에서도 유사한 문제들이 존재한다. 오픈 이노베이션의 성공을 위해서는 최고 경영자의 역할이 매우 중요하다. CEO와 경영진이 오픈 이노베이션을 일회성 이벤트로 간주하지 않고, 회사의 핵심 성공전략으로 삼아, 이를 적극적으로 지원해야 조직 전체에 긍정적인 영향을 미칠 수 있다.

경영진의 관심과 지원

경영진은 오픈 이노베이션의 중요성을 깊이 인식하고 실질적인 자원 배분과 정책적인 지원으로 뒷받침해야 한다. 예를 들어, CEO나 임원진이 정기적으로 오픈 이노베이션 관련 회의에 참석해 주요 의사결정에 참여하고 혁신 아이디어를 지지하는 모습을 보여야 한다. 이를 통해 구성원들은 경영진이 오픈 이노베이션을 진심으로 받아들이고 있음을 체감하게 된다. 이러한 관심과 지원은 조직 내 모든 구성원들에게 오픈 이노베이션의 중요성을 일깨우고, 그들의 참여 의지를 높이는 데 기여한다.

명확한 비전 제시

경영진은 오픈 이노베이션 추진과 관련된 명확한 비전과 목표를 명확히 제시해야 한다. 조직 구성원들이 회사가 추진하는 오픈 이노베이션의 방향성과 기대되는 성과를 명확히 이해할 수 있어야, 각자의 역할을 명확히 인식하고 자신의 역할을 실행할 수 있다. 예를 들어, 오픈 이노베이션을 통해 달성하려는 구체적인 목표와 이를 위한 로드맵을 물리적인 형태로 게시한다면 조직구성원들의 혁신활동참여에 도움이 될 것이다. "목표 없는 항해는 방향을 잃은 배와 같다"는 말처럼, 명확한 목표 설정이 없으면 조직 전체가 동력을 잃기 쉽다.

리더십의 실천

CEO와 경영진은 오픈 이노베이션의 리더로서 모범적 역할을 수행해야 한다. 혁신적인 프로젝트에 직접 참여하고, 새로운 아이디어를 적극적으로 지원하는 모습을 보여줌으로써 조직 전체에 긍정적인 메시지를 전달할 수 있다. 또한, 성공적인 오픈 이노베이션 사례를 리더가 직접 조직 내에 공유하고, 이를 격려함으로써 구성원들의 참여 의지를 더욱 고취시킬 수 있다.

 영국의 시사주간지 The Economist를 발행하는 The Economist 그룹이 2022년에 발표한 '오픈 이노베이션 바로미터' 보고서에 따르면, 미국, 영국, 독일의 고위 임원 500명을 대상으로 한 조사에서 조사 대상자의 91%가 오픈 이노베이션 예산을 증액할 계획이라고 응답했다. 이는 글로벌 기업들이 오픈 이노베이션을 얼마나 중요하게 인식하고 있는지를 보여준다. 이러한 결과는 우리나라의 최고경영자들에게도 시사점을 제공한다. 글로벌 트렌드에 발맞춰 적극적으로 오픈 이노베이션을 지원하고 실행하는 리더십이 필요하다는 것이다.

 오픈 이노베이션은 CEO의 강력한 의지와 리더십을 바탕으로 조직 전반에 걸친 실행력을 높여야 성공 가능성을 제고 할 수 있다. 명확한 비전 제시와 경영진의 실천적 노력은 조직이 혁신의 방향성을 잃지 않고, 변화하는 환경에서 경쟁력을 유지할 수 있는 중요한 토대가 될 것이기 때문이다.

● 평가체계 정비

자동화, 무인화, AI의 시대를 살고 있지만 여전히 일은 '사람'이 한다. 조직에서 그 사람을 움직이게 하는 원동력은 승진, 급여와 같은 '보상'이다. 그리고 그 '보상'을 결정짓는 것이 인사제도와 평가이다. 인사평가 기준에 혁신활동이 반영되지 않는다면 직원들은 기존 업무에만 집중할 것이다. 그리고 혁신활동은 '회사 성장에는 필요할 것 같지만 나와는 상관 없는 일'로 간주 할 수도 있다. 자연스럽게 우선 순위에서 밀리게 되는 것이다. 인사평가 항목에 혁신적인 도전과 오픈 이노베이션과 관련된 내용을 포함하는 것이 필요한 이유이다.

임원 인사평가에 혁신활동 반영의 필요성

국내 대기업의 특성상, 혁신과 관련되는 평가 항목은 특히 임원 평가에 적용하는 것이 필요하다. 임원들은 대부분 계약직으로, 짧게는 수개월에서 길어야 몇 년의 계약 기간 동안 회사나 오너(Owner)와 약속한 성과를 달성해야 한다. 이런 구조 속에서 임원들은 본질적으로 단기성과 지향적 일 수밖에 없으며 혁신이나 오픈 이노베이션을 사치스러운 활동으로 생각하기 십상이다.

급변하는 환경변화속에서 영업, 마케팅, 재무, R&D, 신사업, 경영지원과 같이 다양한 조직을 이끌고 있는 임원들이야말로 개방형 혁신 사고와 행동은 중요하다. 각자가 맡은 조직의 성과에만 매몰되어 조직을 운영한다면 고객과 시장의 변화의 속도를 따라 잡을 수 없다. 하지만 아직도 많은 기업은 임원과의 경영계약 체결이나 평가에 있어 단기적인 성과를 우선시 하는 경향이 강하다. 결국 임원들이 중시하는 활동이 현재의 성과에만 치중하게 되면, 해당 조직의 구성원들 또한 단기성과 창출이나 관리 업무에 초점을 맞추는 경향을 보이게 된다.

그러나 급변하는 시장 환경에서, 임원들은 각자의 조직을 이끌며 외부의 고객 및 시장 변화를 따라잡아야 한다. 단기 성과에만 몰두하다 보면, 임원 자신은 물론 조직 전체가 변화에 대응하지 못하게 되고, 이는 기업 경쟁력의 약화를 초래할 수 있다.

오픈 이노베이션 관련 인사평가 항목 제안

이를 해결하기 위해 임원 평가지표에 오픈 이노베이션 관련 항목을 추가하는 것이 필요하다. 조직마다 역할은 다르지만, 대부분의 조직은 외부 파트너와 협력을 통해 혁신을 이루고 성장할 수 있는 기회가 존재한다. 따라서 평가 항목은 단순히 매출 실적이나 신규 가입자 수 같은 정량적 지표를 넘어, 외부 협력과 혁신을 촉진하는 활동을 측정하는 데 초점을 맞춰야 한다.

예를 들어, 외부 파트너 협업 성과를 평가할 수 있다. 이는 스타트업, 연구기관 등 외부 파트너와 얼마나 협업 프로젝트를 발굴하고 성공적으로 수행했는지에 대한 평가이다. 단순히 프로젝트 수를 넘어 질적 성과와 기업 성장에 미친 영향을 포함해야 한다. 또한, 외부 기술 및 아이디어 활용 지표도 필요하다. 이는 외부에서 얻은 기술과 아이디어를 자사 상품이나 서비스 개발에 얼마나 효과적으로 적용했는지를 측정함으로써, 조직 내 혁신 역량을 강화하는 데 기여할 수 있다.

뿐만 아니라, 오픈 이노베이션 분위기 조성과 성장동력확보 정도도 평가 항목에 추가할 수 있다. 이는 임원이 협력적이고 개방적인 조직 문화를 형성하기 위해 얼마나 노력했는지를 측정하는 지표로는, 전시회 참여, 스타트업과의 협력, 공동 사업검증(PoC) 수행 등 다양한 활동을 포함시킬 수 있다. 이러한 활동은 성과 창출뿐 아니라 조직 내 소통과 협업 문화를 강화하는 데 도움을 줄 것이다.

매년 라스베이거스에서 열리는 CES에 참여하는 상황을 생각해보자. 스타트업들은 강력한 도전정신과 절박함으로 행사를 준비하지만, 대기업 임직원들은 과연 어떤 태도로 참여할까? 만약 임원의 평가지표에 오픈 이노베이션 항목이 포함되어 있다면, 그들은 자신은 물론 본인 조직의 좋은 평가를 위해 더 많은 스타트업을 적극적으로 만나고 자신이 속한 회사의 성장동력 발굴을 위해 더욱 열심히 뛸 것이다.

평가는 단순히 개인의 성과를 측정하는 것을 넘어, 조직 전체의 혁신과 성장을 이끄는 도구로 작용해야 한다. 각 기업의 특성에 맞춘 평가지표를 지속적으로 개발하고 적용함으로써, 오픈 이노베이션이 단순한 활동을 넘어 조직 문화로 자리 잡도록 해야 한다.

● 조직문화

오픈 이노베이션은 단순히 기업과 외부 파트너 간의 사업 협력을 넘어, 조직문화 변화를 요구한다. 오픈 이노베이션을 성공적으로 추진하려면 개방적이고 협력적인 환경을 조성하는 것이 필요하다. 이를 위해 실패를 두려워하지 않는 도전을 장려하는 문화, 다양한 부서 및 파트너들 간에 자유롭고 수평적으로 소통하는 문화, 그리고 이러한 것들을 잘 수행하기 위한 체계적인 변화관리 프로그램을 구축해야 한다.

도전을 장려하는 문화

"실패는 성공의 어머니"라는 속담처럼, 실패를 두려워하지 않는 문화는 혁신의 토대이다. 글로벌 기업 3M의 '10, 15, 30 원칙'은 도전을 장려하는 문화를 대표적으로 보여준다. 이 원칙은 최근 1년 내 개발된 신제품 매출이 전체 매출의 10%를 차지할 것, 업무 시간의 15%를 창의적인 아이디어를 개발하는 데 자유롭게 사용할 것, 매출의 30%를 최근 4년 이내에 출시된 신제품에서 창출할 것을 목표로 한다. 이는 실패를 두려워하지 않고 지속적으로 도전하는 환경이야말로 혁신적인 아이디어를 현실화하는 원동력이 된다는 점을 잘 보여준다. 반면, 실패를 회피하거나 도전을 주저하는 조직은 혁신의 기회를 잃고 미래를 장담할 수 없다.

협력과 소통의 문화 조성

오픈 이노베이션을 활성화하려면 조직 내부의 다양한 부서 간 협업과 외부 파트너와의 원활한 소통이 필수적이다. 이를 촉진하기 위해 정기적인 워크숍과 협업 세션을 마련할 수 있다. 예를 들어, 내부 직원과 외부 파트너가 함께 참여하는 '아이디어 해커톤'이나 '디자인 스프린트'는 현재 사업이 처한 문제를 해결하거나 신사업 아이디어 도출을 위한 효과적인 장이 될 수 있다. 이러한 행사는 다양한 관점을 공유하고 짧은 시간 안에 외부 파트너와 협력하여 가시적인 결과물을 도출하는 데 유용하다. 또한, '오픈 이노베이션 데이'와 같은 정기 행사를 통해 기업의 전 부서가 혁신 아이디어를 교환하고 외부 전문가와 네트워킹할 기회를 제공하는 것도 좋은 방법이다. 이러한 행사는 새로운 협력 기회를 탐색하고 혁신을 가속화하는 계기가 될 수 있다.

조직문화 변화관리

조직문화를 변화시키는 과정은 단기간에 이루어지지 않으며, 오픈 이노베이션을 성공적으로 추진하려면 계획적이고 체계적인 접근이 필요하다. 변화 관리 프로그램을 통해 구성원들이 오픈 이노베이션의 가치와 목적을 이해하고, 이를 조직 문화로 자연스럽게 받아들이도록 지원해야 한다. 이를 위해 가이드라인 제공, 정기적인 교육, 워크숍 등을 통해 구성원들의 이해와 참여를 유도할 수 있다. 내부 구성원과 외부 파트너가 함께하는 협업 세션은 협력의 가치를 체감하게 하고 조직 문화에 긍정적인 영향을 미칠 수 있다. 또한, 변화의 효과와 진행 상황을 지속적으로 모니터링하고 피드백을 반영하는 과정을 반복해야 한다. 이 과정에서 오픈 이노베이션의 성과와 도전 과제를 투명하게 공유하면 구성원들의 적극적인 참여를 이끌어낼 수 있다. 변화가 단기적인 시도로 끝나지 않고 조직 내에 오픈 이노베이션 문화가 깊이 뿌리내릴 수 있도록 하는 것이 중요하다.

● 전담부서 운영과 전문인력 육성

미국의 대표적인 엑셀러레이터 500 Startups와 일본 노무라종합연구소가 공동으로 진행한 연구를 통하여, 오픈 이노베이션 담당 임원을 지정하고 전담 조직을 설립해 인력과 예산을 지원할 수록 오픈 이노베이션 성공 확률이 높아진다는 것이 확인 되었다. 이는 오픈 이노베이션을 체계적으로 이끌어갈 전담 부서와 전문 인력의 중요싱을 보여준다.

오픈 이노베이션 전담부서와 '홍반장'

오픈 이노베이션의 성공에는 '어디선가 누구에게 무슨 일이 생기면 나타나는 홍반장' 같은 전담 인력이 필수적이다. 영화 캐릭터인 홍반장은 필요할 때마다 다양한 문제를 해결하며, 여러 역할을 소화하는 만능 해결사를 의미한다. 요즘말로 '오지랖퍼'와 유사한데, 모든 일에 적극적으로 관여해 문제를 해결하고 기회를 만들어내는 사람을 지칭한다. 오픈 이노베이션 담당자는 기업과 스타트업 사이에서 숨겨진 가치 창출 기회를 포착하고 이를 연결하는 혁신 중개자의 역할을 수행해야 한다. 삼성그룹의 창업주 이병철 회장은 "기업이 곧 사람이다"라고 강조했으며, 그의 아들 이건희 회장은 "바둑 10급 10명이 바둑 1단을 이기지 못한다"는 말로 뛰어난 인재의 중요성을 역설했다. 이는 오픈 이노베이션에서도 동일하게 적용된다. 걸출한 오픈 이노베이션 담당자 한명이 회사의 혁신성장에 지대한 영향을 줄 수 있다.

오픈 이노베이션 담당자가 활약하려면 이를 지원하는 전담 부서의 설립과 운영이 필요하다. 전담 부서는 외부 파트너와의 협력을 조율하고, 혁신 프로젝트의 진행 상황을 모니터링하며 성과를 평가한다. 또한, 내부 자원과 외부 혁신 자원을 연결하는 중추적인 역할을 수행하며, 이를 통해 협력의 시너지 효과를 극대화한다. 오픈 이노베이션 담당자는 네트워킹 행사나 데모데이 등에서 기업을 대표하는 얼굴로서 활동하며, 스타트업, 투자자, 정부 관계자와의 관계를 구축하는 데 앞장서야 한다. 전담부서는 외부 파트너와 전략적 파트너십을 형성하고 이를 장기적인 성과로 연결시키기 위한 체계적인 전략을 수립한다.

아울러 협력 관계를 주기적으로 점검하고, 파트너십의 질을 높이는 노력을 통해 상호 성장을 도모해야 한다. 오픈 이노베이션 담당자는 단순한 중개자를 넘어 기업 내부와 외부에서 다양한 역할을 수행해야 한다. 내부 부서와 외부 파트너를 연결하는 다리 역할은 물론, 협력 당사자들 간의 이해를 조율하는 중재자로서의 역량이 요구된다. 또한, 정부 지원 프로그램과 같은 유용한 정보를 활용할 줄 아는 능력도 요구된다. 결국, 오픈 이노베이션의 성공은 '홍반장'처럼 다재다능한 인재와 이들이 활약할 수 있는 전담 부서의 역량에 달려 있다. 기업은 이러한 인재의 중요성을 인식하고, 그들을 뒷받침하는 체계적인 시스템을 구축하는 것이 필요하다.

● 컨트롤 타워 및 유기적 조직 운영

변화하는 경영 환경에서 조직 구조를 효율적으로 운영하는 것은 기업 경쟁력 강화를 위한 필수 요소다. 이것은 오픈 이노베이션에서도 동일하게 적용된다. 각 부서의 목표와 역할을 전사적 성과에 맞춰 조율하고 이를 통합적으로 관리할 오픈 이노베이션 컨트롤 타워를 운영하는 것을 제안한다. 기업 내에서 오픈 이노베이션에 참여하는 부서들이 개별 목표에 따라 움직일 경우, 비효율이 발생할 수 있다. 예를 들어, 오픈 이노베이션에 참여하는 사업부서가 파트너와의 협력보다 단기 성과 달성에 급급하다면, 파트너 기업과의 협업은 우선순위에서 밀려나게 된다. 그 결과, 해당 부서와의 협업을 진행하던 스타트업은 기대했던 협력이 이루어지지 않아 어려움에 처할 수 있다. 이러한 상황에서 투자부서가 외부 파트너와의 성공적인 협업을 기대하고 투자를 집행했다면, 기대했던 투자성과를 만들어 내기 어려울 것이다.

이러한 문제를 해결하기 위해 컨트롤 타워는 각 부서 간 정보 불균형을 해소하고, 부서들이 일관된 목표 아래 유기적으로 협력하도록 조율하는 역할을 한다. 이를 통해 부서 간 시너지를 극대화하고, 오픈 이노베이션의 성과를 전사적으로 확대할 수 있다. 컨트롤타워의 역할 수행을 통하여, 기술 개발 부서는 외부 스타트업의 혁신 기술을 수용하고, 사업부서는 이를 시장에 맞게 적용하며, 재무와 운영 부서는 신기술 도입에 따른 리스크를 원활하게 관리 할 수 있다.

이와 더불어, 각 부서가 정기적으로 협력하고 정보를 공유하는 협의체 운영은 필수적이다. 협의체 운영으로 부서 간 소통의 불균형을 해소하고, 모두가 하나의 목표를 향해 움직일 수 있도록 돕는다. 정기적인 협의체는 협업을 촉진하며 오픈 이노베이션의 성과를 극대화하는 원동력이 될 수 있다.

● 오픈 이노베이션 전문성 확보

오픈 이노베이션의 성공을 위해서는 관련 전문성을 확보하는 것이 요구된다. 이는 단순히 새로운 아이디어를 도입하는 것을 넘어, 이를 실행하고 성과로 연결할 수 있는 역량과 지식을 갖추는 데 중점을 둔다. 전문성 확보는 전문 인력 채용, 내부 교육 및 훈련, 지속적인 학습 문화 조성, 외부 전문가와의 협력을 통해 이루어질 수 있다.

먼저, 오픈 이노베이션을 효과적으로 추진하려면 관련 분야의 전문가를 채용하거나 내부 인력을 교육하여 전문성을 강화해야 한다. 경험이 풍부한 전문가를 채용하면 혁신 과제를 효율적으로 수행할 수 있으며, 이는 초기 성공 가능성을 높이는 데 중요한 역할을 한다. 동시에, 회사 내부사정에 밝은 기존 직원들에게도 최신 기술과 혁신 방법론을 학습할 수 있는 전문 교육 프로그램을 제공하여 내부 역량을 강화 할 수 있다. 이러한 프로그램은 직원들이 급변하는 환경에 적응하고 지속적으로 혁신에 도전할 수 있는 자신감을 함양해 준다.

또한, 오픈 이노베이션 트렌드와 관련 기술이 빠르기 변화하기 때문에 조직 내에서 지속적인 학습과 발전을 장려하는 문화가 필요하다. 이를 위해 정기적인 교육, 세미나, 워크숍을 통해 구성원들이 최신 기술 동향과 성공 사례를 학습하고 이를 실무에 적용할 수 있도록 해야 한다. 예를 들어, 외부 전문가를 초빙하거나, 조직 내 교육 세션을 운영하여 구성원들이 혁신 역량을 더욱 심화할 수 있도록 지원할 수 있다. 이러한 학습 문화는 직원들이 새로운 아이디어를 제안하고 이를 실행할 수 있는 동력을 제공한다.

외부 선문기관과외 협력도 전문성을 강화하는 효과적인 방법이다. 최신 기술과 트렌드를 도입하여 내부 역량을 보완할 뿐만 아니라, 외부 시각을 통해 조직의 혁신 전략을 개선할 수 있다. 특정 기술 분야의 전문가를 초빙해 워크숍을 개최하거나 프로젝트 자문을 구하면 부족한 부분을 채우는 동시에 조직 전체의 역량을 한 단계 끌어올릴 수 있다. 이러한 다채로운 노력을 통해 구성원들은 새롭게 습득한 지식과 기술을 내부에 적용하여 혁신 과제를 보다 효과적으로 추진할 수 있다.

전문성 확보는 일회성으로 끝나지 않아야 하며, 지속적으로 관리되고 발전해야 한다. 정기적인 피드백과 평가를 통해 교육 프로그램을 개선하고, 구성원들이 최신 트렌드와 기술을 계속 학습할 수 있는 환경을 조성해야 한다. 오픈 이노베이션의 전문성 강화를 위한 구체적인 방안이 꾸준히 실행되어야 한다.

이러한 차원에서 오픈 이노베이션 직무를 수행하는 직원들의 순환 배치는 신중하게 진행하는 필요하다. 전문성을 유지하려면 직무 변경을 최소화하고, 오픈 이노베이션과 무관한 분야로의 배치는 피해야 한다. 순환배치를 통해 그동안 축적한 경험과 네트워크가 사라질 경우, 조직 전체에도 부정적인 영향을 미칠 수 있다.

오픈 이노베이션 전문가로 성장하려면 최소 수년간 생태계를 경험하고, 이를 통해 직접적인 성공 사례를 쌓는 과정이 필요하다. 작은 성공 경험이 쌓이면 더 큰 성공으로 이어질 수 있으며, 이를 통해 조직은 변화하는 시장과 기술 환경에 유연하게 대응할 수 있는 능력을 갖추게 된다. 장기적으로 오픈 이노베이션 전문성을 확보하고 강화한 조직과 구성원은 지속적인 경쟁 우위를 확보하며, 오픈 이노베이션을 통해 지속 가능한 성과를 창출할 수 있을 것이다.

● 홍보채널 운영

역량 있는 스타트업들에게 우리 회사를 매력적으로 어필하려면 어떻게 해야 할까? 가장 효과적인 방법 중 하나는 스타트업들이 회사의 소식을 자연스럽게 접할 수 있는 다양한 홍보 채널을 운영하는 것이다. 특히, 앞서 설명한 바와 같이 디지털 플랫폼과 SNS는 스타트업과의 소통을 강화하고 우리 회사를 스타트업의 전략적 동반자로 자리매김하는 데 중요한 역할을 한다.

먼저, 인스타그램, 페이스북, 링크드인과 같은 SNS 채널을 적극적으로 활용할 것을 권장한다. 전사 차원에서 공식적으로 운영되는 계정 외에도, 오픈 이노베이션 전용 SNS 계정을 만들어 해당 분야에 특화된 정보를 제공하면 효과적이다. 이를 통해 회사가 진행하는 오픈 이노베이션 프로그램, 스타트업과의 협업 성공 사례 등을 자주 공유함으로써, 회사의 혁신적인 이미지를 구축하고 잠재적인 협력 파트너들에게 긍정적인 인식을 심어줄 수 있다. 예를 들어, 스타트업들이 협업을 통해 얻은 성과를 소개하거나, 오픈 이노베이션의 최신 동향을 업데이트하면, 스타트업들은 우리 회사를 신뢰할 만한 파트너로 인식하게 될 것이다. 이러한 활동은 단순한 정보 전달을 넘어, 스타트업들이 자연스럽게 협업하고 싶어하는 분위기를 조성하는 데 기여한다.

SNS 채널 외에도, 공식 홈페이지와 블로그 역시 회사의 오픈 이노베이션 활동을 한눈에 볼 수 있는 중요한 플랫폼이다. 이곳에서는 회사의 비전, 기업 문화, 일하는 방식, 최신 기술, 협력 사례 등을 투명하게 공개하여 스타트업들이 필요한 정보를 쉽게 얻을 수 있도록 해야 한다. 특히, '협업 제안'과 같은 소통 창구를 마련해 스타트업들이 직접 문의하거나 제안을 할 수 있는 기회를 제공하면, 보다 많은 유망 스타트업들이의 관심과 참여를 유도할 수 있을 것이다. 또한 양방향 소통을 통해 관계를 강화하는 데 큰 도움이 된다.

이러한 채널 운영은 단순한 홍보를 넘어, 회사의 브랜드 이미지를 강화하고 스타트업 생태계 내에서 신뢰도와 영향력을 확대하는 데 기여한다. 회사가 오픈 이노베이션에 진지하게 임하고 있다는 메시지를 꾸준히 전달함으로써, 스타트업들에게는 회사가 협업하기에 적합한 파트너라는 인식을 심어줄 수 있다. 나아가, 오픈 이노베이션 관련 이벤트나 성과를 지속적으로 노출하면, 회사의 혁신성과 적극적인 협업 의지를 보여줄 수 있다. 이는 장기적으로 스타트업 생태계 내에서 회사의 위상과 영향력을 강화하는 중요한 기반이 될 것이다.

4-3

스타트업을 위한
오픈 이노베이션 성공제언

　오픈 이노베이션은 스타트업에게 기술 확보, 시장 진입, 자금 조달 등 사업 확장과 성장을 위한 다양한 기회를 제공한다. 그러나 스타트업이 대기업과의 협력 과정에서 성공하기 위해서는, 자원이 제한적이고 경험이 부족하다는 현실을 고려한 체계적 접근이 필수적이다. 스타트업이 오픈 이노베이션을 활용하여 성과를 만들어 내기 위해서는 명확한 목표 설정, 전략적 파트너십 구축, 자원의 효율적 활용이 필요하다. 여기에 인적 네트워크 형성과 설득력 있는 소통 자료 및 신속한 피드백 또한 스타트업의 성과창출에 중요하게 작용한다. 이번 챕터에서는 스타트업이 오픈 이노베이션을 성공적으로 실행할 수 있는 주요 전략을 제안한다.

● 명확한 목표 설정: 구체적 계획과 방향성

오픈 이노베이션의 성공은 명확한 목표 설정에서 시작된다. 스타트업은 기술 혁신, 시장 진입, 자금 확보 등 대기업과의 협력을 통해 달성하고자 하는 성과를 구체적으로 정의해야 한다. 목표가 명확할수록 대기업과의 협력 방향이 분명해지고, 기대하는 성과를 효과적으로 달성할 가능성이 높아진다. 특히, 단계별 마일스톤 설정은 목표를 체계적으로 실현하기 위한 핵심 도구다. 각 단계에서 달성해야 할 구체적인 성과를 설정하면 협력 과정에서 진척 상황을 명확히 파악하고 관리할 수 있다. 예를 들어, 특정 기술 개발을 목표로 하는 스타트업은 기술적 성과를 단기 마일스톤으로, 시장 진입 시점을 중기 마일스톤으로 설정하여 이를 지속적으로 모니터링하고 조정할 수 있다. 이러한 접근은 협력의 방향성을 유지하고, 예기치 않은 장애물을 극복하는 데 도움을 준다. 성공적인 사례로 카카오의 초기 전략을 들 수 있다. 스타트업 시절 카카오는 사용자 중심의 모바일 메신저 개발이라는 목표를 설정했다. 초기에는 사용자 편의성을 개선하는 기술 개발에 집중하고, 이후 사용자 기반 확대와 시장 진입을 순차적으로 진행하며 성공적으로 시장에서 자리 잡았다. 이처럼 구체적인 목표와 단계별 마일스톤은 스타트업이 사업을 전개하는 과정에서 실질적인 성과를 창출하고, 지속 가능한 성장을 이루는 데 중요한 역할을 한다. 스타트업이 명확한 목표를 설정하고 이를 단계적으로 나눠 실현해 나간다면, 협력의 성과를 극대화하고 장기적인 성공의 발판을 마련할 수 있을 것이다.

● 전략적 파트너십 구축: 성공적 협력의 열쇠

스타트업이 대기업과 전략적 파트너십을 구축하는 일은 결코 쉽지 않다. 이미 다양한 파트너들과 협력 관계를 맺고 있는 대기업의 눈에 띄고 인정 받으려면 체계적인 노력이 필요하다. 이를 위해 스타트업은 명확한 가치 제안을 통해 자신만의 차별화된 강점을 강조하고, 대기업이 얻을 수 있는 구체적인 이익을 설득력 있게 전달해야 한다.

전략적 파트너십을 구축하려면 단순히 아이디어를 제안하는 것을 넘어, 실제로 대기업이 해결해야 할 문제에 대한 구체적인 솔루션을 제시해야 한다. 이를 위해 업계 네트워킹 이벤트, 컨퍼런스, 데모데이 등에 꾸준히 참여해 잠재적인 협력 파트너를 만나고 관계를 형성하는 것이 중요하다. 이 과정에서 투명한 의사소통과 신뢰 구축은 필수적이다. 협력의 진척 상황을 공유하기 위해 정기적인 피드백 체계를 마련하고, 파트너십의 목표를 지속적으로 점검하며 협력의 효과를 극대화할 수 있는 방향으로 조율해야 한다. 국내 핀테크 기업 토스의 사례는 전략적 파트너십이 스타트업 성공의 핵심 열쇠임을 잘 보여준다. 사업 초기 토스는 국내 주요 은행 및 금융 기관과의 협력을 통해 성장의 발판을 마련했다. 토스는 강력한 핀테크 솔루션을 제시하며 대기업들이 필요로 하는 문제 해결 방안을 명확히 전달했고, 이를 통해 신뢰와 협력을 기반으로 성공적인 파트너십을 구축할 수 있었다. 이처럼 전략적 협력 관계형성은 스타트업이 단순한 아이디어 제공자를 넘어 대기업의 핵심 파트너로 자리 잡을 수 있는 기회를 불러온다 결국 스타트업의 지속적인 노력과 매력적인 가치제안을 통해 스타트업은 대기업과의 협력에서 새로운 성장의 전환점을 만들 수 있을 것이다.

● 인적 네트워크 형성: 협력의 기회를 확대하는 힘

언제 어떤 상황에서 자신들의 사업을 획기적으로 성장시켜 줄 파트너를 만날지 모른다. 자금과 인프라가 부족한 스타트업에게 인적 네트워크는 협력의 기회를 넓히고 자원을 확보할 수 있는 중요한 기반이 된다. 전문가, 투자자, 협력 파트너와의 관계는 단순히 연결을 넘어, 협력의 장을 열어주는 열쇠다. 네트워크를 형성하는 과정에서 가장 중요한 것은 스타트업의 성공가능성과 비전을 명확히 전달하는 것이다. 파트너가 스타트업의 가능성을 믿고 협력하려면, 스타트업은 자신의 사업 방향에 대한 자신감을 보여주고, 이를 명확하고 설득력 있게 표현해야 한다. 이는 단순히 아이디어를 설명하는 것을 넘어, 파트너가 왜 자신들과 협력해야 하는지에 대한 확신을 심어주는 과정이다. 네트워크를 확장하려면 지속적인 행사 참여가 필요하다. 업계의 네트워킹 행사, 컨퍼런스, 세미나, 데모데이 등에 꾸준히 참석하면 잠재적 파트너를 만날 기회가 늘어난다. 이러한 자리에서의 첫인상과 신뢰 형성은 향후 협력의 가능성을 열어줄 수 있다. 특히, 이벤트에서 만난 사람들과의 관계를 단발성으로 끝내지 않고, 지속적으로 교류하며 관계를 심화시키는 것이 중요하다. 또한, 스타트업의 네트워크범위는 협력 파트너뿐 아니라 멘토, 산업 전문가, 동료 스타트업까지 포함할 수 있다. 동료 스타트업과의 네트워킹 역시 상호 조언과 정보를 공유하며 경쟁력을 강화하는 데 기여할 수 있다. 더불어, 산업 전문가와의 관계는 기술적 조언이나 시장 통찰을 얻는 데 중요한 자산이 될 수 있다.

네트워크 내에서 신뢰를 쌓는 데에는 시간이 걸리는 작업이지만, 한 번 구축된 신뢰는 스타트업의 장기적인 성장과 혁신을 위한 든든한 토대가 된다. 정기적인 소통과 협력을 통해 관계를 발전시키고, 신뢰를 유지하려는 노력을 지속해야 한다. 결국, 인적 네트워크는 단순한 연결의 의미를 넘어, 스타트업이 오픈 이노베이션 생태계에서 지속적으로 성장하고 성공할 수 있는 힘을 제공한다.

● **설득력 있는 자료와 신속한 피드백 : 성공의 촉진제**

대기업과 협력하려면 스타트업은 설득력 있는 소통 자료를 준비해야 한다. 스타트업의 팀과 서비스를 강조하는 것도 중요하지만, 그보다 더 중요한 것은 협력 상대방, 즉 대기업의 관점에서 매력적으로 보이는 가치를 명확히 전달하는 것이다. 대기업이 협력을 통해 얻을 수 있는 구체적인 이익과 성과를 중심으로 자료를 구성해야 한다. 예를 들어, 스타트업이 제공할 기술이나 서비스가 대기업의 기존 문제를 어떻게 해결할 수 있는지, 또는 새로운 사업 기회를 어떻게 창출할 수 있는지를 명확히 보여줘야 한다. 이 과정에서 전문용어나 기술용어는 쉽게 풀어서 쓰는 것이 중요하다. 대기업의 의사결정권자들이 기술적인 세부사항을 모두 이해할 필요까지는 없기에, 복잡한 내용을 단순하고 명확하게 전달하는 것이 효과적이다. 이는 의사결정을 촉진하고 협력의 첫 단추를 잘 꿰는데 도움이 된다. 협력 과정에서는 신속한 피드백 또한 필수적이다. 대기업의 의사결정은 구조적으로 시간이 걸릴 수밖에 없지만, 스타트업은 빠르게 대응해야 한다. 협력 제안에 대한 질문이나 요청이 있을 경우, 즉각적인 피드백을 제공함으로써 속도감 있는 협력을 이어갈 수 있다. 이러한 신속한 대응은 대기업과의 신뢰를 강화하고, 협력의 속도를 높이는 데 큰 역할을 한다. 정리하면 설득력 있는 소통 자료는 대기업과의 협력 문을 여는 열쇠이며, 신속한 피드백은 그 문을 활짝 열어 성공적인 협력으로 이어지는 촉진제 역할을 한다.

● **자원의 효율적 활용: 한정된 자원을 최대하하는 전략**

스타트업은 제한된 자원으로 최대한의 성과를 내야 하는 구조적 특징을 가지고 있다. 이러한 상황에서 자원의 효율적 활용은 생존과 성공을 좌우하는 핵심 요소다. 오픈 이노베이션 협력을 추진하기 전에 협업에 투입할 수 있는 인적, 물적 자원에 대해 신중하게 검토하고, 자원 배분 전략을 명확히 수립해야 한다. 이를 통해 협력 과정에서 필요한 자원을 정확히 파악하여, 불필요한 낭비를 최소화할 수 있다. 스타트업이 보유한 내부 자원의 최적화는 기본이며, 외부로부터 제공받는 자원을 효과적으로 활용하는 것도 필수적이다. 대기업은 스타트업이 독자적으로 확보하기 어려운 연구 인프라, 마케팅 자원, 시장 정보, 네트워크 등을 제공할 수 있다. 이를 잘 활용하면 스타트업은 내부 자원의 한계를 보완하고, 보다 빠르고 효과적으로 협력 목표를 달성할 수 있다. 자원 활용의 효율성을 높이기 위해서는 협력 과업의 우선순위를 명확히 설정하고, 핵심적인 목표를 달성하는 데 필요한 자원에 집중해야 한다. 예를 들어, 제품 개발 단계에서는 연구와 프로토타이핑에 우선순위를 두고, 시장 진입 단계에서는 마케팅 자원과 네트워크를 적극적으로 활용해야 한다. 각 단계에서 가장 필요한 자원을 적시에 집중적으로 활용하면, 제한된 자원으로도 최대의 성과를 낼 수 있다. 관련사례로 인공지능 스타트업 딥마인드(Deepmind)를 들 수 있다. 딥마인드는 구글과의 협력을 통해 구글의 막대한 컴퓨팅 자원을 활용하여 독자적으로 불가능했던 AI 기술 발전을 이뤄냈다. 구글과의 협력은 딥마인드가 자체 자원으로 해결할 수 없는 기술적 한계를 뛰어넘는 데 결정적인 역할을 했다.

● 스타트업 특유의 민첩성 유지: 빠른 의사결정과 적응력

스타트업과 대기업을 구분짓는 특징 중 하나는 민첩성이다. 대기업은 복잡한 구조와 의사결정 과정으로 인해 시장 변화에 대응하는 데 시간이 걸릴 수 있지만, 스타트업은 상대적으로 단순한 조직 구조와 빠른 의사결정으로 변화에 즉각 대응할 수 있다. 민첩성은 스타트업이 타기업과의 경쟁에서 우위를 점하고, 대기업과의 협력에서 독창적 가치를 제공할 수 있는 핵심 요소다. 오픈 이노베이션 협력 과정에서 스타트업은 시장 정보와 기술 트렌드에서 얻은 통찰을 빠르게 반영해야 한다. 이를 통해 제품 개발 방향을 조정하거나 새로운 기회를 빨리 포착하는것은 스타트업의 민첩성을 잘 보여주는 특징이다. 빠른 의사결정과 적응력은 실질적인 협업 성과를 만드는 것에 도움이 된다. 민첩성의 중요성을 잘 보여주는 사례로 슬랙(Slack)이 있다. 게임 스타트업으로 시작했던 슬랙은 시장 니즈의 변화를 신속히 인지하고, 재빨리 팀 커뮤니케이션 툴 개발로 사업방향을 전환했다. 이 같은 신속한 의사결정은 슬랙이 오늘날 글로벌 협업 도구 시장의 선두주자가 되는 발판이 되었다. 스타트업이 민첩성을 유지하기 위해서는 모든 구성원이 변화에 빠르게 대응할 수 있도록 유연한 업무 환경과 효율적인 커뮤니케이션 체계를 구축해야 한다. 또한, 시장의 신호를 빠르게 읽고 즉각 대응할 수 있는 권한이 팀 단위에 적절히 분배되어야 한다. 대기업과 차별화된 기민한 조직운영과 빠른 의사결정은 스타트업이 오픈 이노베이션 과정에서 성과를 창출할 수 있는 강력한 경쟁력이 될 것이다.

4-4

/

정부 및 지원기관을 위한 제언

　우리나라의 오픈 이노베이션 생태계는 정부 주도의 다양한 지원 프로그램 덕분에 꾸준히 발전하고 있으며, 정부의 지원은 대한민국 스타트업 생태계가 글로벌 경쟁력을 갖춘 혁신 생태계로 자리 잡는 데 핵심적인 역할을 하고 있다. 정부와 지원기관은 스타트업과 대기업 간 협력을 촉진하기 위해 내향형과 외향형 오픈 이노베이션을 동시에 강화하며, 다양한 프로그램을 운영 중이다. 예를 들어, 중소벤처기업부의 민관협력 오픈 이노베이션과 초격차 스타트업 프로그램, 사내벤처 육성 프로그램 등은 스타트업의 혁신적인 아이디어와 기술이 시장에서 성공적으로 안착할 수 있도록 체계적인 지원을 제공하고 있다. 또한 이러한 프로그램들은 스타트업과 대기업의 협력 생태계를 강화하는 데 든든한 지원을 제공하고 있다.

　그러나 지금까지의 성과에도 불구하고, 정부사업 특성상 각종 지원

정책이 탁상행정으로 흐르는 것을 경계할 필요가 있다. 오픈 이노베이션 생태계의 핵심 주체인 스타트업을 비롯한 기업들의 목소리에 지속적으로 귀기울이고, 그들의 실제적인 요구와 환경을 반영한 현장 중심의 정책을 수립하는 것이 무엇보다 중요하다. 다음은 정부와 지원기관이 오픈 이노베이션 생태계를 성공적으로 지원하기 위해 고려해야 할 몇 가지 제언이다.

● 정책 및 규제 환경 조성: 실질적 혁신을 위한 유연한 접근

정부는 오픈 이노베이션 이해관계자들이 활발히 혁신 활동을 추진할 수 있도록 실질적인 정책수립과 지원 환경을 조성해야 한다. 이를 위해서는 혁신을 장려하고 불필요한 규제를 완화하여 기업들이 자유롭게 새로운 시도를 할 수 있는 환경을 마련하는 데 초점을 맞추어야 한다. 우선, 유연한 규제 환경을 통해 혁신적인 기술과 아이디어가 자유롭게 논의 될 수 있는 기반을 마련해야 한다. 예를 들어, 대기업과 스타트업간 협력을 촉진하기 위해 오픈 이노베이션 활동에 예산을 집행하는 대기업에 대해 세액 공제와 같은 혜택을 확대하거나, 협력 프로젝트 성공 시 스타트업에 대한 정부 보조금 지급과 같은 인센티브 제도를 도입하는 방안을 고려할 수 있다. 이를 통해 협력의 경제적 유인을 강화하고, 더 많은 기업이 오픈 이노베이션에 참여하도록 유도할 수 있다.

또한, 딥테크와 같은 신산업 분야에 대한 규제 완화는 혁신의 속도를 높이는 데 필수적이다. 신기술 개발 및 상용화를 지원하기 위해 기존 규제 체계를 재검토하고, 스타트업의 시장 진입 장벽을 낮추는 정책을 시행해야 한다. 이러한 접근은 특히 핀테크, 자율주행, 바이오와 같은 첨단 산업 분야에서 중요한 역할을 할 것이다. 정책의 일관성도 기업들이 안정적으로 혁신을 추진하는 데 핵심적인 요소다. 기업이 장기적인 계획을 수립하고 지속적으로 혁신을 추구하기 위해서는 정부의 지원 정책이 일관되고 지속적으로 운영되어야 한다. 일관성 있는 정책은 기업들에게 신뢰를 제공하며, 안정적인 투자와 연구개발 활동을 촉진한다. 대표적인 사례로 신산업 규제 샌드박스 프로그램을 들 수 있다. 이 프로그램은 다양한 신산업 분야에서 혁신 기업들이 기존 규제를 우회하거나 완화된 환경에서 신기술을 실험할 수 있도록 지원하며 큰 성과를 거두고 있다. 이러한 제도는 혁신을 위한 안전한 테스트베드 역할을 하며, 신기술의 시장 진입을 가속화하고 있다.

● 지원 프로그램 및 인프라 구축: 실질적 자원 제공

정부와 지원기관은 스타트업과 대기업 간 협력을 촉진하기 위해 지원 프로그램과 인프라를 지속적으로 개발하고 확대해야 한다. 특히, 정부가 주도하는 사업 자금 지원, 기술 인프라 제공, 그리고 네트워킹 기회 제공은 오픈 이노베이션 활성화에 필수적이다.

우선, 자금 지원 프로그램은 혁신적인 아이디어를 상업화하고 공동 연구개발 프로젝트를 추진하는 데 필요한 자금을 제공함으로써 오픈 이노베이션을 실질적으로 촉진할 수 있다. 특히, 스타트업이 초기 단계에서 자금 부족으로 어려움을 겪는 경우, 이러한 지원은 혁신 프로젝트를 본격적으로 시작하고 성장 동력을 확보하는 데 큰 도움이 된다. 예를 들어, 팁스(TIPS) 프로그램은 민간 투자와 정부 지원을 연계하여 스타트업이 초기 자금을 확보하고 연구개발에 집중할 수 있도록 돕는 대표적인 사례다. 또한, 기술 지원 및 인프라 제공도 매우 중요하다. 스타트업이 대기업의 기술 인프라를 활용할 수 있도록 지원하거나, 국가 차원의 공공 연구개발 센터를 운영하여 필요한 기술적 자원을 제공해야 한다. 이러한 인프라는 스타트업과 대기업이 기술적 장벽을 낮추고 협업을 통해 혁신을 가속화하는 데 핵심적인 역할을 한다. 특히, 정부가 운영하는 스마트 팩토리 지원센터와 같은 시설은 제조 스타트업이 최신 기술을 적용해 자신들의 비즈니스 모델을 검증하고 생산성을 높이는 데 큰 도움을 준다. 네트워킹과 협력의 기회 제공도 오픈 이노베이션 생태계를 활성화하는 데 효과적이다. 정기적인 네트워킹 행사, 세미나, 워크숍 등을 통해 다양한 산업 분야의 기업들이 아이디어를 교류하고 협력 기회를 모색할 수 있는 장을 마련해야 한다. 예를 들어, 경기창조경제혁신센터의 CEO데이는 스타트업과 대기업이 자유롭게 소통하며 새로운 파트너십을 형성할 수 있는 대표적인 행사로 자리 잡았다. 이러한 행사는 기업 간의 신뢰를 구축하고 협력 가능성을 탐색하는 데 중요한 가교 역할을 한다.

● 혁신 생태계 조성: 지속 가능한 혁신 환경 구축

정부와 지원기관은 오픈 이노베이션을 활성화하기 위해 지속 가능하고 협업을 강화하는 혁신 생태계를 구축해야 한다. 이는 스타트업뿐만 아니라 혁신에 소극적이던 중견기업과 대기업 등 다양한 이해관계자가 협력의 장으로 나설 수 있는 환경을 마련하는 데 중요한 역할을 한다. 특정 지역을 혁신 중심지로 발전시키기 위한 클러스터와 허브 조성은 정부와 지원기관이 중점적으로 추진해야 할 과제다. 이는 민간이 독자적으로 해결하기 어려운 영역이기도 하다. 대표적인 사례로 판교 테크노밸리와 양재AI밸리를 들 수 있다. 이곳은 IT 및 첨단 기술 기업들이 밀집하여 협력과 혁신 프로젝트를 창출하는 공간으로 자리 잡고 있다. 클러스터는 기업 간 네트워크를 강화하고, 기술과 자원의 시너지를 극대화함으로써 중견기업과 대기업이 협력의 필요성을 자연스럽게 인식하고 참여할 수 있는 분위기를 만든다. 여기에 스타트업 지원 센터나 테스트베드 같은 인프라를 제공하면 대기업 및 중견기업 등이 보다 쉽게 오픈 이노베이션에 참여할 수 있는 환경이 조성된다. 산학연 협력을 촉진하는 체계를 마련하는 것도 유용하다. 기술 이전 프로그램과 공동 연구개발 프로젝트를 지원하고 대학과 연구기관이 보유한 기술과 아이디어를 산업 현장에서 상용화할 수 있도록 돕는 노력 역시 필요하다. 이러한 협력은 대기업과 중견기업이 스타트업 및 연구기관의 신기술을 활용해 새로운 시장 기회를 발굴하도록 이끌며, 기술 상용화와 오픈 이노베이션을 동시에 촉진한다. 예를 들어, 정부 주도의 각종 첨단기술 실증 지원사업이나 대기업 중심의 산학연 협력 프로젝트지원은 이러한 목표를 효과적으로 달성하는 우수한 정책으로 평가받고 있다.

혁신 생태계는 변화하는 시장 환경에 발맞춰 지속적으로 관리하고 개선해야 한다. 이를 위해 스타트업 성장률, 기술 상용화 성공률, 협력 프로젝트 수와 같은 주요 지표를 정기적으로 평가하고, 이에 기반한 개선 조치 및 추가적인 지원을 실행하는 유연한 정책 운영이 필요하다. 이러한 지속적인 개선 노력은 단순히 문제를 해결하는 데 그치지 않고, 중견기업과 대기업이 혁신 생태계의 핵심 축으로서 적극적으로 참여하게 하는 기반을 마련한다.

우리나라의 오픈 이노베이션 생태계는 정부 주도의 지원 프로그램에 힘입어 빠르게 발전하며, 스타트업과 대기업 간 협력도 활발히 이루어지고 있다. 그러나 한 단계 더 도약하기 위해서는 정책의 유연성, 지속적인 지원 강화, 혁신 인재 양성, 협력 중심의 생태계 구축이 필요하다. 특히, 현장의 목소리를 반영한 실질적인 정책을 마련하는 것이 중요한데, 각 주체별 입장을 세심히 반영된 정책은 이해관계자들 간의 신뢰형성에 도움이 될 것이다. 현재 스타트업은 대기업과 협력 과정에서 상당한 자원을 선투입해야 하거나, 규모나 경쟁 논리로 인해 부당한 대우를 받는 경우가 많다. 심지어 기술 탈취와 같은 문제로 인해 큰 어려움을 겪기도 한다. 이러한 상황 속에서 스타트업은 문제를 제기하지 못하거나 침묵을 강요받는 경우도 적지 않다. 정부와 지원기관은 이러한 현실을 인지하고, 스타트업이 안심하고 성장에 집중할 수 있도록 공정한 협력 환경을 조성해야 한다. 정부와 지원기관은 스타트업이 오픈 이노베이션을 통한 협력에 안심하고 참여할 수 있는 든든한 지원군 역할을 해야 할 것이다.

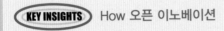 **KEY INSIGHTS** How 오픈 이노베이션

1. 대기업 오픈 이노베이션 제언

대기업은 안정적인 자원과 네트워크를 바탕으로 오픈 이노베이션을 주도해야 한다. 이를 위해 기업가 정신 강화, CEO의 관심과 지원, 혁신활동 평가체계 도입과 같은 구조적 변화가 필요하다. 조직문화 변화와 컨트롤 타워 구축을 통해 부서 간 협업을 유기적으로 조율하며, 오픈 이노베이션을 일회성 프로젝트가 아닌 지속 가능한 혁신 활동으로 전환해야 한다.

2. 스타트업 오픈 이노베이션 제언

스타트업은 한정된 자원 속에서도 명확한 목표와 단계별 마일스톤 설정, 전략적 파트너십 구축, 민첩성 유지를 통해 성과를 극대화해야 한다. 대기업의 문제 해결에 초점을 맞춘 설득력 있는 자료와 신속한 피드백은 협력의 신뢰를 강화하며, 네트워크 확장은 장기적인 협력 가능성을 높인다.

3. 정부 및 지원기관 제언

정부와 지원기관은 우호적인 정책수립과 및 규제 환경 조성, 지원 프로그램 강화, 혁신 생태계 조성을 통해 대기업과 스타트업 간 협력을 촉진해야 한다. 스타트업이 공정하고 안정적으로 협력할 수 있는 환경을 마련하고, 지속 가능한 성장을 위한 전략적 지원을 통해 오픈 이노베이션 생태계를 견고히 해야 한다.

4. 향후 과제와 발전 방향

오픈 이노베이션 생태계는 대기업과 스타트업 간의 인식 차이, 소통 문제, 지적재산권 보호 등 다양한 장애물을 해결해야 한다.

대기업의 관료주의와 스타트업의 자원 부족을 극복하며, 모든 이해관계자가 유기적으로 협력할 수 있는 환경을 마련하는 것이 중요하다. 이를 통해 오픈 이노베이션이 한국 경제의 지속 가능한 성장과 글로벌 경쟁력 강화를 이끄는 핵심 동력으로 자리 잡을 것이다.

제 **5** 장

오픈 이노베이션
사례

오픈 이노베이션은 이를 추진하는 주체들의 특성과 목표에 따라 다양한 방식으로 추진된다. 이 장에서는 오픈 이노베이션이 어떻게 다르게 구현되고 성과를 창출할 수 있는지 세 가지 사례를 통해 살펴보고자 한다. 첫 번째 사례는 국내 대기업과 스타트업 간 협력을 통해 혁신이 어떻게 이루어졌는지를 보여준다. 대기업은 풍부한 자원과 체계적인 프로세스를 활용하여 스타트업의 창의적인 아이디어와 신속한 실행력을 결합함으로써 새로운 시장 가치를 창출할 기회를 얻는다. 이는 대기업의 안정성과 스타트업의 민첩성이 상호 보완적으로 작용할 때 혁신이 더욱 효과적으로 추진될 수 있음을 보여준다. 두 번째 사례는 국내 스타트업이 해외 기업과 협력하며 오픈 이노베이션을 구현한 사례다. 이 협력은 국경을 넘어선 파트너십이 국내 스타트업에게 글로벌 시장으로 진출할 발판을 제공할 수 있음을 증명한다. 해외 기업과의 협력은 스타트업이 기술력과 역량을 국제적으로 검증받는 기회를 제공할 뿐만 아니라, 한국의 혁신 생태계를 세계에 알리는 데도 중요한 역할을 한다. 세 번째 사례는 지자체, 대학, 기업이 함께 참여하는 다자간 오픈 이노베이션이다. 이 사례는 지역 내 혁신 생태계를 활성화하고, 다양한 자원과 기술을 결합하여 지역 발전을 도모하는 방안을 제시한다. 지자체의 주도 아래 대학의 연구 역량과 기업의 실행력이 융합되어 지역 경제에 활력을 불어넣는 성공적인 모델을 보여준다. 이는 지역사회의 문제 해결뿐만 아니라, 지역 경제의 지속 가능한 발전을 위한 협력적 혁신의 가능성을 제시한다. 이 사례들은 오픈 이노베이션의 잠재력과 성공 가능성을 명확히 보여주며 스타트업, 기업, 지역사회가 협력의 힘을 믿고 새로운 혁신에 도전할 수 있는 영감을 제공한다. 이를 통해 각 주체들이 자신감을 가지고 보다 창의적인 방식으로 오픈 이노베이션을 추진할 수 있기를 기대한다.

5- 사례1

매스프레소 × KT

매스프레소는 대한민국을 대표하는 AI 스타트업 중 하나로, 전 세계적으로 9,200만 명 이상이 이용하는 수학문제 풀이 서비스인 콴다(QANDA)앱을 제공하고 있다. 콴다는 학생이 모르는 문제를 사진으로 찍어 올리면, 인공지능과 실제 선생님을 통해 실시간으로 답변을 제공하는 앱으로, 50여 개국에서 널리 사용되고 있다. 특히, 매스프레소는 문자 인식 기술(OCR)과 높은 정밀도의 AI 서비스를 바탕으로 수학 중심의 데이터 선순환 구조를 구축하며, 2024년 타임지가 선정한 세계 최고의 에듀테크 기업에 이름을 올리는 등 기술력을 세계적으로 인정받고 있다.

매스프레소는 사업성장을 위해 초기부터 글로벌 기업 및 투자기관으로부터 적극적으로 투자를 유치해 왔다. 초기에는 소프트뱅크, 틱

톡, 구글, 삼성벤처투자 등이 매스프레소의 성장성에 주목하여 투자에 참여했다. 이후 KT를 전략적 투자자로 맞이하며 시리즈 C 단계에서 100억 원 규모의 추가 펀딩을 진행했다. KT는 단순한 재무적 투자자 역할을 넘어, 매스프레소와 협력을 통해 자사의 AI와 클라우드 사업을 강화하고자 하는 전략적 투자 목적을 가지고 있었다.

KT의 투자 및 협력 결정은 매스프레소의 AI기술력과 에듀테크 분야의 성장 가능성을 바탕으로 이루어졌다. 최근 구글, 마이크로소프트 등 글로벌 빅테크 기업뿐만 아니라 국내의 네이버, SK텔레콤, 카카오 등도 AI 스타트업과 협업하며 AI 트랜스포메이션(Ax)을 가속화하고 있다. KT는 이러한 상황에서 자사가 보유한 국내 최고 수준의 데이터센터와 클라우드 인프라를 매스프레소의 방대한 교육 데이터와 AI 기술을 결합함으로써, 양사가 시너지를 만들 수 있을 것으로 판단한 것이다.

이에 덧붙여 중고등학생을 주요 타깃으로 하는 콴다 서비스는 KT

[콴타(매스프레소) 서비스 및 해외 수상]

출처: 매스프레소, 와우테일

의 청소년 스마트폰 요금제와 결합해 신규 고객 확보에 기여할 수 있는 협업가능성도 존재한다고 판단했을 것이다. KT는 매스프레소에 투자 후 약 4개월 만에 또 다른 투자 스타트업인 업스테이지와 함께, 오픈AI와 마이크로소프트의 대규모언어모델(LLM) 모델 성능을 뛰어넘는 AI 수학 모델을 공동 개발하며 세계적인 주목을 받았다.

[오픈 이노베이션 협업 성과 관련기사]

콴다·업스테이지·KT의 '수학 GPT', 글로벌 빅테크 기업 제치고 세계 1위

출처: IT 조선

KT는 사업협력뿐만 아니라. 2024 MWC(Mobile World Congress) 등의 글로벌 전시회에 매스프레소의 참여를 지원하며 해외 투자 유치 및 판로 개척을 지원하며 매스프레소의 글로벌 시장 진출을 적극적으로 도왔다.

[매스프레소와 KT의 협업 구조]

· AI 기술 및 데이터 제공
· AI 및 교육분야 사업협력
←

→
· 전략적 투자(100억원)
· 사업 인프라(Cloud를 제공)

매스프레소의 AI 기술력과 에듀테크 분야의 전문성, 그리고 KT의
자본력과 클라우드 인프라는 상호 보완적인 역할을 하며 협력 시너지
를 창출했다. 이 협력은 오픈 이노베이션이 단순히 기술적 협업을 넘
어, 기업 간 강점이 결합될 때 시장에서 어떻게 성공적인 혁신을 이끌
어낼 수 있는지를 보여주는 우수한 사례로 평가된다.

5 - 사례2

BANF × 볼보 & DHL

반프(BANF)는 혁신적인 스마트 타이어 기술로 주목받는 대한민국의 스타트업이다. 자율주행과 물류 산업이 발전하면서 차량의 안전성과 효율성을 높이는 스마트 타이어에 대한 수요가 증가하고 있으며, 반프의 기술력은 글로벌 시장에서도 큰 주목을 받고 있다. 반프는 실시간으로 타이어 상태를 모니터링하고 분석해 안전사고를 예방할 수 있는 스마트 타이어 솔루션을 제공하며, 이러한 기술을 통해 글로벌 주요 기업들과 협력을 이어가고 있다.

반프는 자율주행 기술과 스마트 모빌리티의 미래 가능성을 보고 글로벌 시장 진출을 위한 전략적 파트너십 구축에 나섰다. 특히, 유럽의 대표적인 자동차 제조업체 볼보그룹의 오픈 이노베이션 프로그램인 '캠프X' 프로젝트는 반프에게 중요한 도약의 기회가 되었다. 볼보는 미래 모빌리티 솔루션을 개발하고 자율주행 기술을 선도하기 위해 전 세계 유망 스타트업들과 캠프X라는 프로그램을 활용하여 협력하고 있다. 반프는 국내 스타트업으로는 유일하게 2023년 캠프X의 포트폴리오기업으로 선정되었다. 볼보그룹은 반프의 기술을 통해 차량의 안정성을 높이고 유지 관리 비용을 절감할 수 있는 가능성을 보고 BANF와의 파트너십 계약을 체결했다.

반프는 글로벌 기업과의 협업을 성공적으로 이루기 위해 몇 가지 핵심 전략을 실천해 왔다. 반프는 고객과의 관계 형성 단계에서는 고객사의 세부적인 니즈를 면밀히 분석하고, 이를 바탕으로 차별화된 솔루션을 제안했다. 예를 들어, 볼보와 협력하기 전 반프는 자사의 스마트 타이어 기술이 볼보의 자율주행 차량 안전성을 어떻게 높일 수 있을지 철저히 분석하고 맞춤형 접근법을 제시했다. 반프는 오픈 이노베이션의 첫걸음으로 목표 고객에 대한 철저한 연구와 그들의 필요를

[스마트 타이어 전문기업 'BANF']

출처: BANF

충족할 해결책 제시가 중요하다고 강조한다.

또한, 반프는 물류 분야의 글로벌 리더인 DHL이 진행하는 스마트 차량 관리 파일럿 프로젝트에도 참여한 바 있다. 이 프로젝트에서 반프는 DHL로부터 사업화 가능성을 인정받아 DHL이 주관하는 연간 행사인 'Era of Sustainable Logistics 2024'에서 발표자로 참여했다. 그 결과 해당 행사에서 국내 기업으로 최초로 Top 3기업에 드는 영예를 안았다. 그리고 DHL의 물류 차량에 반프의 스마트 타이어 시스템을 시범 적용함으로써 운송 효율성과 안전성을 크게 향상시킬 수 있다는 것을 증명하였으며, 이를 통해 반프는 글로벌 물류 시장에서 존재감을 드러낼 수 있었다.

DHL의 카타 부쉬(Katja Busch) 부사장은 "반프는 타이어 센서를 사

[볼보 캠프X 포틀폴리오 기업현황]

VOLVO   SUSTAINABLE TRANSPORTATION   CAREERS   INVESTORS   NEWS & MEDIA   SUPPLIERS   ABOUT US

출처: 볼보 홈페이지

용하여 연료 소비를 줄이고 타이어 수명을 늘려 차량의 안전을 강화할 수 있어 향후 사업협력이 기대된다"며 사업협력 의지를 밝히기도 하였다.

이러한 성공적인 협력에는 단순한 영업 접촉뿐만 아니라 현업 부서와의 관계 형성, 네트워킹, 멘토링 등 다양한 접근 방식을 동원하여 고객사의 관심을 효과적으로 이끌어낸 반프의 집요한 노력이 있었다. 이를 통해 고객의 요구와 관심을 반영한 맞춤형 솔루션을 제시할 수 있었다.

반프가 해외 기업들과 오픈 이노베이션에서 성과를 창출할 수 있었던 배경에는, 해외에서 진행되는 해외 데모데이 및 네트워킹 행사에 적극적으로 참여한 점도 큰 도움이 되었다. 또한, 잠재 파트너 기업의 관심 분야와 과제는 SNS와 해외 인적 네트워크 등을 활용하여 깊이 있게 분석하였다. 반프는 정교한 고객 타겟팅과 철저한 분석이 글로벌 오픈 이노베이션의 성공에 필수적이라고 강조하고 있다.

5- 사례3

관악S밸리
(관악구×서울대×기업)

지방자치단체 역시 오픈 이노베이션 활성화 과정에서 허브 역할을 할 수 있다. 미국의 실리콘밸리와 중국의 중관춘은 각각 스탠포드 · 버클리 대학, 베이징대 · 칭화대 등 세계적인 명문 대학을 기반으로 한 혁신 클러스터로, 글로벌 빅테크 기업의 산실로 자리 잡았다. 이러한 사례는 우수한 대학을 중심으로 창업 생태계와 오픈 이노베이션 환경이 조성될 수 있음을 잘 보여준다.

우리나라에서도 대학 중심의 혁신 클러스터가 점차 확대되고 있다. 관악S밸리는 기업, 대학, 관공서가 협력하는 산학과 협력의 대표적인 사례로 주목받고 있다. 관악구는 우수한 인적자원을 갖춘 서울대를 중심으로 창업 생태계를 조성했다. 이 과정에서 스타트업이 협력하고자 하는 대기업의 지원시설을 적극적으로 유치하여 지역의 경쟁력을 높였다. 서울대의 풍부한 인재와 연구 자원, 대기업과의 사업 협력 기회, 그리고 관악구의 적극적인 행정 지원이 결합되면서 관악S밸리는 스타트업들에게 매력적인 혁신 허브로 자리 잡았다.

이 협력 모델은 네덜란드 리셀도르프(Leydesdorff)교수가 제시한 트리플 헬릭스(Triple Helix) 모델의 사례로 볼 수 있다. 트리플 헬릭스 모델이란 대학, 기업, 정부가 상호작용하며 지식을 생산하고 혁신 활동을 수행하는 구조로, 이러한 협력은 자연스럽게 오픈 이노베이션을 촉진한다. 관악S밸리는 이 모델을 효과적으로 구현하여 산학관 협력의 모범 사례로 자리매김하고 있다.

[관악S밸리 사업협력 구도]

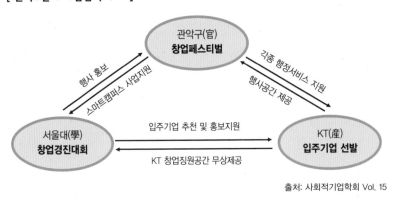

출처: 사회적기업학회 Vol. 15

구체적으로 KT – 서울대 – 관악구 간의 협력 구도는 관악S밸리의 성공적인 시작을 견인했다. KT는 관악S밸리에 오픈 이노베이션센터를 설립하여 우수한 스타트업을 발굴하고 지원하기 위한 전초기지로 활용했다. 센터는 관악구 및 서울대 출신의 스타트업들에게 무상으로 제공되었으며, 입주 스타트업들이 KT의 사업 부서와 협업할 수 있도록 적극적인 지원이 이루어졌다. 관악구는 이 협력 과정에서 KT의 활동을 홍보하고, 스타트업에 대한 멘토링, 홍보지원, 사업부서 연계 등 등 다양한 행정적·재정적 지원을 아끼지 않았다.

이러한 노력의 결과로 관악S밸리는 2022년 정부로부터 벤처기업육성촉진지구로 지정되며 혁신 생태계의 중심지로 성장하고 있다. 여러 스타트업이 이곳에서 사업 기회를 발굴하고 성공적인 협력 사례를 만들어가며, 관악S밸리는 단순히 지역 창업 지원의 역할을 넘어 글로벌 오픈 이노베이션 허브로 도약할 가능성을 점차 보여주고 있다.

관악S밸리의 성공은 산학관 협력 모델이 지역 혁신과 오픈 이노베이션 촉진에 얼마나 중요한지를 입증하며, 지방자치단체, 대학, 기업 간의 긴밀한 협력이 지역 경제와 산업 혁신에 기여할 수 있는 좋은 사례로 평가받고 있다.

제 **6** 장

오픈 이노베이션
전문가 인터뷰

이번 장에서는 지금까지 살펴본 우리나라 오픈 이노베이션의 전반적인 흐름을 토대로, 다양한 전문가들의 경험과 통찰을 통해 현재와 미래를 조망하고자 한다. 스타트업 창업자, 대기업 관계자, 벤처캐피털(VC) 전문가, 학계 교수, 전 지원기관 대표 그리고 빅테크 기업 출신 임원까지 각기 다른 배경을 가진 이들이 바라본 오픈 이노베이션의 가치와 역할을 담았다.

이들은 오픈 이노베이션이 더 이상 선택이 아닌 필수적 전략이라는 데 공통된 의견을 제시하며, 협력과 신뢰가 성공적인 혁신의 중심임을 강조한다. 또한, 우리나라의 오픈 이노베이션 생태계가 가진 강점과 한계를 진단하며, 이를 극복하기 위한 구체적인 방안에 대해서도 다채로운 시각을 제공했다. 각 분야의 전문가들이 제시한 통찰은 오픈 이노베이션이 한국 기업 환경에서 어떻게 자리 잡아야 하는지를 이해하는 데 중요한 단서를 제공한다. 이번 장의 인터뷰는 단순히 이론적인 논의를 넘어 실제 경험과 사례를 바탕으로 구성되어 있다. 전문가들은 협력 과정에서의 도전과 기회, 그리고 생태계를 강화하기 위한 전략들을 직접적으로 제안하며, 우리나라 오픈 이노베이션이 나아가야 할 길에 대한 깊은 통찰을 제시한다. 다양한 관점과 경험을 가진 이들의 목소리를 통해, 우리나라 오픈 이노베이션의 현재와 미래를 함께 탐구해 보자. 이를 통해 한국 기업과 생태계가 글로벌 경쟁력을 강화하고 지속 가능한 혁신의 길을 걷는 데 필요한 방향성을 발견할 수 있기를 기대한다.

6- 전문가 인터뷰 1

[스타트업]
원루프 양승현 대표

Q1. 귀하께서 생각하시는 오픈 이노베이션이란?

오픈 이노베이션은 각 조직이 가진 비교우위를 극대화하는 협력의 과정이라고 본다. 경제학에서 비교우위라는 개념이 각자가 가장 잘할 수 있는 것에 집중해 전체 효율성을 높인다는 것을 의미하듯, 오픈 이노베이션도 마찬가지다. 모든 것을 자체적으로 해결하려 하기보다는 외부의 뛰어난 기술과 아이디어를 받아들이고 협력함으로써 스타트업과 대기업이 모두 더 큰 혁신을 이루는 과정이라고 생각한다.

Q2. 오픈 이노베이션의 성공 요인은 무엇이라고 생각하십니까?

오픈 이노베이션이 성공하려면 참여 주체 간의 상호 신뢰와 개방성이 무엇보다 중요하다고 본다. 혁신을 이루기 위해 각 조직이 자사의 핵심 기술이나 데이터를 일부 공개하고 협력해야 하는데, 이 과정에서 신뢰가 없다면 성공적인 협업은 어려워질 수밖에 없다. 또한, 외부의 아이디어와 기술을 받아들이는 유연한 자세 역시 필수적이다. 스타트업 입장에서는 대기업과 협업을 진행할 때 자신들이 개발한 기술과 아이디어를 공유하는 것에 대한 두려움을 느낄 수 있다. 이러한 우려를 극복하려면 상호 신뢰가 반드시 뒷받침되어야 한다. 이를 위해 비밀보호협약(NDA)을 체결하고, 진솔하고 투명한 소통을 통해 신뢰를 쌓는 것이 중요하다. 신뢰가 구축된다면 협업은 더 큰 성과로 이어질 가능성이 높아질 것이다. 아울러, 대기업이 스타트업의 아이디어를 수용할 수 있는 유연성을 갖추고, 안정적인 협업 환경을 조성한다면 오픈 이노베이션의 성공 가능성은 더욱 높아질 것이라고 믿는다.

Q3. 국내 기업들에게 오픈 이노베이션 추진 시 전하고 싶은 말씀

국내 기업들이 오픈 이노베이션을 추진할 때는 스타트업을 진정한 파트너로 대하는 태도가 중요하다고 본다. 스타트업은 빠르고 유연하게 혁신을 이뤄낼 잠재력이 크지만, 대기업과 협업하면서 종종 어려움을 느끼는 경우가 있다. "이 정도는 우리도 할 수 있는 것 아닌가?"라는 반응이나 지나치게 느린 의사결정 과정은 스타트업 입장에서 상당히 답답하게 느껴질 수 있다. 대기업 담당자들이 먼저 자신들의 진행 상황을 투명하게 공유해 준다면 신뢰가 더욱 쌓일 것이라고 생각한다. 또한, 주변 스타트업 사례를 보면 대기업이 스타트업의 노력을 단순히 공급자로 간주하거나 협력 관계를 일방적으로 주도하려는 태도에 상처를 받는 경우도 적지 않다. 이런 태도는 협력의 신뢰를 무너

뜨릴 뿐 아니라, 스타트업이 대기업과의 협업에 회의감을 느끼게 만드는 요인이 될 수 있다. 진정한 협력은 서로의 강점을 인정하고, 협업의 파트너로서 존중하는데서 시작된다. 상호 신뢰와 존중이 바탕이 되어야만 양측 모두에게 의미 있는 성과를 만들어 낼 수 있으며, 이를 통해 지속 가능한 협력의 기회 또한 확보할 수 있을 것이라고 본다.

Q4. 오픈 이노베이션을 추진하며 겪었던 어려움과 극복 방법은?

오픈 이노베이션을 추진하면서 가장 어려웠던 점은 서로 다른 조직 문화와 의사결정 속도에서 오는 갈등이었다. 대기업은 체계적이지만 속도가 느리고, 스타트업은 빠르지만 절차적으로 체계적이지 않을 때가 있다. 이를 극복하기 위해 대기업의 절차와 스타트업의 속도간 균형을 이해하려고 노력했다. 대기업과의 협력에서는 신뢰를 쌓기 위해 명확한 목표를 설정하고, 지속적으로 원활한 커뮤니케이션을 유지하는 것이 중요하다고 생각했다. 서로의 강점을 살려 협력 구조를 만드는 것이 성공의 열쇠라고 본다.

Q5. 스타트업이 오픈 이노베이션을 통해 성장하기 위해 필요한 것은 무엇이라고 생각하십니까?

스타트업이 오픈 이노베이션을 통해 성장하려면 자신만의 고유한 기술력이나 시장에서의 강점을 확보하는 것이 가장 중요하다고 본다. 대기업과의 협업에서 아이디어만 제공되고 끝나는 경우가 적지 않기 때문에, 이를 방지하려면 지적재산권 보호 전략을 명확히 세우고, 이를 통해 자사의 기술과 아이디어가 협력 이후에도 지속적으로 가치를 창출할 수 있도록 해야 한다. 또한, 대기업과의 협업에서 단순한 참여자로 머무르지 않고, 주도적으로 협력의 방향성을 설정하거나 제안할 수 있는 능력을 갖추는 것도 필요하다고 본다. 이를 위해 스타트업은 내부적으로 핵심 역량을 강화하며, 시장 변화에 빠르게 대응할 수 있는 민첩성을 유지해야 한다. 네트워킹 또한 중요한 요소다. 다양한 파트너십을 구축하고, 새로운 기회를 적극적으로 받아들일 준비가 되어 있어야 한다. 이를 위해 스타트업은 업계 행사나 컨퍼런스 등에 참여하며, 다양한 이해관계자와의 접점을 늘려 나가야 한다. 이런 노력은 오픈 이노베이션을 통한 성장을 더욱 촉진할 수 있을 것이라고 믿는다.

양승현 대표는 연세대학교 경제학과를 졸업하고 한국공인회계사(KICPA) 자격을 보유한 사업가이다. 졸업 후 삼일회계법인에서 경험을 쌓은 뒤, 스마트 코워킹 카페 및 공간 관리 솔루션 기업인 원루프(주)를 설립해 대표이사를 맡고 있다. 원루프를 통해 혁신적인 공간 운영의 새로운 기준을 제시하고 있다.

6- 전문가 인터뷰 2

[스타트업]
BANF 이유건 총괄

Q1. 귀하께서 생각하시는 '오픈 이노베이션'이란?

오픈 이노베이션은 대기업이 자사 제품과 서비스의 경쟁력을 강화하고, 시장에서 차별화를 확보하기 위해 활용하는 전략적 활동이라고 생각한다. 특히 내부 조직만으로 혁신이 어려울 때, 외부 기술과 협력은 돌파구가 될 수 있다. 이는 단순히 대기업뿐만이 아니라, 스타트업에게도 매우 중요한 기회다. 스타트업은 대기업과의 협력을 통해 기술 상용화와 시장 진출의 속도를 높일 수 있으며, 자금, 네트워크, 브랜드 신뢰도 등 대기업이 제공할 수 있는 다양한 자원을 활용할 수 있다. 반대로, 대기업은 스타트업의 민첩함과 혁신성을 통해 내부 한계를 뛰어넘고 새로운 가치를 창출할 수 있다. 결국 오픈 이노베이션은 대기업과 스타트업 모두에게 상호 보완적인 역할을 하며, '협력적 성장'을 가능케 하는 중요한 도구라고 본다.

Q2. 스타트업의 오픈 이노베이션 핵심 성공 요인은 무엇이라고 보십니까?

스타트업 입장에서 오픈 이노베이션을 성공으로 이끄는 핵심 요인은 철저한 시장 조사와 맞춤형 자료 제공이라고 생각한다. 오픈 이노베이션은 보통 공개모집 형태의 오픈 콜(Open Call) 방식과 특정 기업을 대상으로 한 다이렉트 세일즈(Direct Sales) 방식으로 이루어지는데, 각각의 접근법에 맞춘 전략이 필요하다. 공모 형태로 진행되는 경우, 해당 기업의 특성과 니즈를 철저히 분석하고 준비하는 것이 중요하다. 반면, 특정 기업에 협업을 제안하는 경우, 우리 회사의 경쟁력과 상대 기업의 니즈를 반영한 맞춤형(Curated) 자료를 제공해야 한다. 이러한 준비와 접근 방식이 성공의 열쇠라고 본다.

Q3. 대기업 또는 대기업 오픈 이노베이션 담당자에게 하고 싶은 말

오픈 이노베이션은 대기업과 스타트업 모두에게 '윈윈(Win-Win)'이 되어야 한다. 대기업은 단순한 사업적 협력을 넘어, 스타트업이 필요로 하는 다른 지원 요소에 대해서도 고민해 주었으면 한다. 예를 들어, 자금 지원이나 강력한 홍보 채널을 활용한 홍보 지원은 스타트업의 성장을 가속화하는데 큰 힘이 된다. 대기업 오픈 이노베이션 담당자가 이를 염두에 두고 프로그램을 설계한다면 더 우수한 스타트업을 모집하는 데에도 긍정적인 영향을 미칠 것이라고 본다.

Q4. 해외 기업과의 오픈 이노베이션에서 겪은 어려움과 극복 방법은?

해외 기업과 협업할 때는 언어와 문화적 차이 그리고 상이한 업무 방식으로 인해 많은 어려움을 겪었다. 특히 가장 힘들었던 점은 우리가 제안한 내용에 대한 피드백을 받는데 상당한 시간이 걸리고, 소통 문화의 차이 때문인지 솔직한 피드백을 얻기가 어려웠던 것이다. 이를 극복하기 위해, 프로젝트 초기 단계에서 직접 현장을 방문해 상대방 실무자들과의 네트워크를 구축하고자 노력했다. 이러한 노력은 단순히 수요자—공급자 관계를 넘어서 신뢰를 형성하고, 협업을 원활하게 진행하는데 큰 도움이 되었다. 해외 기업과 협력하려는 다른 스타트업들에게는 조급하게 접근하기보다, 충분한 준비와 여유를 가지고 신뢰를 쌓는데 집중할 것을 조언하고 싶다.

Q5. 대한민국 오픈 이노베이션 발전을 위해 하고 싶은 말씀

현재 국내 오픈 이노베이션은 단발성으로 끝나는 경우가 많아 지속적인 관계 형성과 협업이 부족한 것 같다. 오픈 이노베이션은 단순히 예산 지원을 넘어, 장기적인 협업과 공동 개발 단계까지 나아갈 필요가 있다. 대기업과 스타트업이 단순한 프로그램 참여를 넘어 사업 공

이유건 총괄은 미국 실리콘밸리의 '500 Startups' 등에서 전담멘토 및 심사역으로 활동하며 스타트업 생태계에 대한 깊은 통찰과 경험을 쌓았다. 현재 지능형 타이어 기반 안전 및 연비 개선 솔루션 기업인 '반프(BANF)'에서 글로벌 사업을 총괄하고 있으며, 국내 최대 스타트업 행사인 COMEUP의 자문위원으로도 활동 중이다.

동 개발을 통해 실질적인 성과를 창출할 수 있도록, 정부 차원의 지원이 절실하다. 이를 통해 국내 오픈 이노베이션 생태계가 한 단계 도약할 수 있을 것이라고 본다.

6- 전문가 인터뷰 3

[대기업]

KT 오픈 이노베이션팀 오원석 차장

Q1. 대기업에게 있어 '오픈 이노베이션'이란?

오픈 이노베이션은 한국어로 '개방형 혁신'이라고 널리 알려져 있다. 하지만 내가 생각하기에 가장 직관적이고 쉽게 이해할 수 있는 표현은 '소개팅'이다. 대기업의 오픈 이노베이션은 주로 공모전 등을 통해 외부 스타트업을 사내 부서와 연결하는 내향형(Outside-IN) 방식으로 진행된다. 소개팅에서 상대방의 취향을 잘 알면 만남이 성공적으로 이어지듯, 오픈 이노베이션에서도 사내 부서가 필요로 하는 외부 기술과 서비스를 정확히 이해하고 적합한 스타트업을 찾아 매칭하는 것이 핵심이다. 대기업 오픈 이노베이션 담당자는 이 매칭 성공률을 높이고 이를 통해 성과를 창출하는데 주력해야 한다고 본다.

Q2. 오픈 이노베이션의 핵심성공을 위해 필요한 것은?

소개팅을 해준 사람 입장에서 가장 보람 있는 일은 소개팅 당사자들이 결혼에 골인하는 것이다. 이를 오픈 이노베이션에 비유하자면, 스타트업과 대기업이 협력하여 당초 합의한 협업 목표를 달성하는 것이 오픈 이노베이션의 성공이라 할 수 있다. 특히, 이들의 협력은 대개 공동 사업화를 궁극적인 목표로 삼는 경우가 많다. 이러한 공동 사업화를 이루기 위해서는 두 조직간의 중재자 역할을 수행하는 오픈 이노베이션 전담 조직의 역할이 매우 중요하다. 대기업 오픈 이노베이션 담당자는 사업 부서의 '사업적 수요와 어려움'을 신속하고 정확하게 해결해 줄 수 있는 스타트업을 상시적으로 발굴하고 파악해야 한다. 이것이 바로 대기업에 오픈 이노베이션 전담 조직이나 담당자가 필수적으로 존재해야 하는 이유이다. 또한 협력의 성공을 위해서는 대기업 유관 부서와 스타트업 간의 원활한 협력이 가능하도록 적절한 예산을 확보하고, 경영진의 적극적인 지원을 이끌어낸다면 더할 나위 없이 좋을 것이다.

Q3. 대기업 오픈 이노베이션 담당자로서 스타트업에게 하고 싶은 말

너무 조급해하지 않았으면 한다. 스타트업과 공동 사업화를 추진할 때, 대기업은 스타트업이 생각하는 것 이상으로 많은 준비를 하고 있다. 대기업도 상당한 인력, 시간 그리고 비용을 투입하므로, 프로세스가 다소 느리게 진행되는 것은 자연스러운 일이다. 대기업의 진행이 늦다고 불평하기보다는, 그 시간을 활용해 스타트업이 자신의 상품과 서비스 품질을 더욱 높이는 데 집중했으면 한다. 대기업에게는 품질이 받쳐주지 않으면 사업 협력을 지속하기 어렵다. 특히 대기업은 품질 문제가 발생하면 고객의 신뢰를 잃을 수 있고, 이는 기업 이미지와 매출에도 큰 타격을 줄 수 있다. 따라서 품질은 사업화의 성패를 좌우하는 중요한 요소다. 품질 문제가 해결되지 않으면 사업화가 지연되거나, 최악의 경우 무산될 수도 있다. 대기업과의 협업 기회를 최대한 활용하기 위해서는, 완성도 높은 제품과 서비스로 신뢰를 쌓는 것이 무엇보다 중요하다.

Q4. 대기업 오픈 이노베이션 담당자로서 보람 있었던 사례가 있다면?

KT에서 링크플로우와 함께한 KT 5G '리얼360' 출시 프로젝트가 가장 기억에 남는다. 링크플로우는 360도 웨어러블 카메라를 개발한 스타트업으로, KT의 5G 기술과 결합해 실시간 고화질 360도 영상을 전송하는 제품을 구현했다. 이 과정에서 사내 60개 사업 부서와의 매칭을 직접 진행하며 사업화에 성공했다. 이후 KT의 지분 투자와 해외 전시회(MWC, GITEX) 참가를 통해 글로벌 시장 진출을 지원했다. 오랜 시간 동고동락하며 진행한 프로젝트였기에 더욱 뜻깊으며, 현재 링크플로우는 상장을 준비 중이라 앞으로의 성과가 더욱 기대된다.

Q5. 대한민국 '오픈 이노베이션' 발전을 위해 하고 싶은 말

스타트업 창업과 성장을 위해 정부의 단계별 창업지원 제도가 상당히 자리를 잡고 있으며, 안정적으로 운영되고 있다고 본다. 대기업들도 정부의 지원에 힘입어 오픈 이노베이션에 적극 나서고 있다. 오픈 이노베이션의 지속적인 발전을 위해서는 정부와 기업이 각자의 역할을 명확히 이해하고 충실히 수행하는 것이 중요하다. 정부는 창업 생태계를 지원하고 촉진하는 데 중점을 두어야 하며, 기업은 시장에서 실질적인 성과를 내고 혁신을 이끌어가는 데 집중해야 한다. 특히 정부는 자금 지원뿐만 아니라 규제 완화와 같은 제도적 지원을 통해 혁신적인 스타트업이 더 많은 기회를 얻을 수 있도록 해야 한다. 그리고 기업은 자원과 네트워크를 활용해 스타트업과의 협력을 더욱 강화해야 한다. 이렇게 공공과 민간이 각자의 역할에 충실하면서도 긴밀하게 협력한다면, 대한민국의 오픈 이노베이션을 통한 창업 생태계의 활성화와 지속적인 발전이 더욱 견고하게 이루어질 것이라 기대한다.

오원석 차장은 서강대학교와 연세대학교에서 전자공학 학사와 석사를 취득한 뒤, 9년간 KT 오픈 이노베이션 프로그램을 주도해 왔다. 또한 경기창조경제혁신센터 구축과 KT 사업화 연계 프로그램과 창업도약패키지을 담당하며 대기업과 스타트업의 협력을 성공적으로 이끌었다.

6- 전문가 인터뷰 4

[지원기관]
(전)경기창조경제혁신센터장 이경준

Q1. 귀하께서 생각하시는 '오픈 이노베이션'이란?

'디지털 경제'와 '글로벌 생태계'라는 메가 트렌드 속에서, 기업은 더이상 자사 역량만으로 지속적인 혁신을 이루기 어려운 시대에 놓여있다. 기술의 발전 속도와 시장 변화가 매우 빠르게 진행되고 있기 때문이다. 이러한 상황에서 오픈 이노베이션은 외부의 아이디어, 기술, 자원 등을 효과적으로 활용해 내부 혁신을 촉진하고 가속화하는 중요한 접근 방식이다. 이를 통해 기업은 외부와의 협업으로 내부 혁신 과정을 강화하고, 새로운 성장 기회를 발굴하며 글로벌 경쟁력을 높일 수 있다. 특히 스타트업, 학계, 연구기관과의 협력은 단기적인 문제 해결을 넘어 장기적인 경쟁 우위를 확보하는데 중요한 전략이 될 수 있다.

Q2. 오픈 이노베이션의 핵심성공 요인 하나와 그 이유는?

오픈 이노베이션의 성공에서 가장 중요한 요인은 '정보 공유'와 '가치 산정'이라고 생각한다. 대기업과 스타트업 간의 협력은 상호 수요와 문제를 명확히 이해하는 것에서 출발한다. 이를 바탕으로 적절한 솔루션을 제공하는 것이 첫걸음이다. 그러나 이를 실행하려면 스타트업의 기술이나 아이디어의 가치를 정확히 평가하고, 대기업이 그것을 얼마나 활용할 수 있는지에 대한 공감대가 필요하다. 이러한 가치 산정이 없다면 협력은 지속되기 어렵다. 이 과정은 현실적으로 가장 큰 도전 과제이지만, 성공적인 오픈 이노베이션을 위해 반드시 해결해야 할 핵심 요소다.

Q3. 지원기관 총 책임자 경험을 기반으로 스타트업과 대기업에게 하고 싶은 말

경기창조경제혁신센터에서 센터장을 역임하며 수많은 오픈 이노베이션 프로젝트를 진행한 경험을 바탕으로, 스타트업과 대기업 모두에게 강조하고 싶은 점은 '파트너십의 가치'다. 오픈 이노베이션을 통해 자본과 기술, 아이디어의 교류가 일어날 때, 대기업은 자본과 인프라를 보유한 우월한 위치에 있을 가능성이 높다. 그러나 이러한 우월적 지위에서 단순한 구매 계약의 개념으로 접근하면 성공적인 협력이 어렵다. 대기업 관계자들은 오픈 이노베이션을 통해 '소중한 파트너를 영입한다'는 관점을 가져야 한다. 스타트업의 기술과 아이디어는 미래의 성장을 좌우할 중요한 자원이므로, 이를 존중하고 신뢰하는 태도로 임해야만 장기적으로 양측이 모두 이익을 얻는 협력 관계를 구축할 수 있다.

Q4. 오픈 이노베이션 활성화를 위해 지원기관이 나아가야 할 방향은?

오픈 이노베이션을 활성화하려면 지원기관이 '정보 공유'와 '협상 중재' 역할을 강화해야 한다. 대기업과 스타트업 간의 정보 비대칭은 협력 과정에서 자주 발생하는 문제로, 이를 해소하기 위해 지원기관은 양측의 정보를 투명하게 제공하고 이해를 돕는 중재자 역할을 해야 한다. 또한, 협상 과정에서 발생하는 갈등이나 불균형을 조율하고, 양측이 동등한 입장에서 협력할 수 있는 환경을 조성하는 것이 중요하다. 이를 통해 스타트업과 대기업 간 협력 기회를 확대하고, 성공적인 오픈 이노베이션을 촉진할 수 있다.

Q5. 대한민국 '오픈 이노베이션' 발전을 위해 하고 싶은 말

현재 대기업은 오픈 이노베이션의 필요성을 충분히 인식하고 있으며, 스타트업 역시 대기업과의 협력을 적극적으로 원하고 있다. 하지만 양측의 상호 니즈를 효과적으로 충족시킬 거래소 기능이나 가치 산정을 지원할 공공성 있는 중재기관은 아직 부족하다. 이러한 중재

> **이경준 대표**는 대기업에서 CVC 기획 및 운영을 통해 스타트업 생태계에 발을 들인 후, 20년간 전략 투자, 사내벤처, 벤처 생태계 활성화 업무를 수행해 왔다. 현재는 딥테크 스타트업에서 최고 혁신 책임자(CIO)로 활동 중이다.

기관이 마련된다면 대기업과 스타트업 간 협력이 더 투명하고 공정하게 이루어질 수 있으며, 창의적이고 혁신적인 기술과 아이디어가 더욱 쉽게 상용화될 수 있을 것이다. 이는 대한민국 창업 생태계와 오픈 이노베이션의 지속 가능한 발전에 크게 기여할 것이라고 본다.

[글로벌기업]

(전)마이크로소프트 글로벌 파트너십
최크리 코퍼레이트 디렉터

Q1. 귀하께서 생각하시는 '오픈 이노베이션'이란?

'오픈 이노베이션'은 상호 협력적인 접근을 통해 외부의 아이디어, 기술, 전문 지식을 적극적으로 수용함으로써 기업의 성장을 가속화하는 전략적 방식이다. 기업은 다양한 네트워크와 외부 자원을 활용하여 혁신을 촉진하고, 내부와 외부 모두에서 획기적인 아이디어가 나올 수 있음을 인지해야 한다. 이는 협업과 지식공유를 중심으로, 기존의 내부 연구개발 노력을 보완하고 확장하는 데 중점을 둔다. 특히 디지털 경제 시대에서 오픈 이노베이션은 기업이 경쟁 우위를 유지하기 위한 필수적인 전략이자, 글로벌 생태계에서 성공할 수 있는 중요한 도구다.

Q2. 오픈 이노베이션의 핵심 성공 요인 하나와 그 이유는?

오픈 이노베이션의 성공을 좌우하는 핵심 요인은 명확한 목표 설정이다. 명확한 목표는 협업 과정에서 신뢰를 구축하고, 참여자들이 동일한 방향성을 가지고 효율적으로 협력할 수 있게 한다. 또한 동반성장이 제대로 정의되지 않으면 자원의 투입과 효과 분석이 어려워지고 장기적인 협력이 지속되기 어렵다. 오픈 이노베이션은 단기 성과에 그치는 것이 아니라, 장기적인 관점에서 기업과 파트너가 함께 성장할 수 있는 구조를 구축해야만 성공할 수 있다. 이러한 요소들이 갖추어졌을 때, 협업은 시너지 효과를 발휘하고 지속 가능한 혁신을 만들어 낼 수 있다.

Q3. 해외와 한국의 오픈 이노베이션 생태계의 차이점은?

미국, 중국과 같은 글로벌 오픈 이노베이션 생태계는 스타트업, 대기업, 정부 간 활발한 수평적 협업이 특징이다. 특히 글로벌 스타트업들은 대기업 및 정부와의 협력을 통해서도 혁신을 이루지만, 그 과정에서 독립성을 유지하며 자율적으로 성장할 수 있는 환경이 잘 조성되어 있다. 이러한 수평적 협력 구조는 시장 진입과 성공을 촉진하는 중요한 요소로 작용한다. 반면, 대한민국의 오픈 이노베이션 생태계는 대기업이나 정부 주도로 이루어지는 경우가 많아, 스타트업의 자율성과 독창성이 충분히 발휘되지 못하고, 단기적인 목표에 맞춰 움직이는 경향이 있다. 이는 단기적 필요에 의해 스타트업을 선택하고 지원하는 방식이 주를 이루어 실질적인 장기 성장으로 이어지기 어려운 경우가 많다. 따라서 대한민국의 오픈 이노베이션 생태계도 자율적이고, 다양한 이해당사자들이 수평적으로 협력할 수 있는 환경을 조성해야 한다.

Q4. 대한민국 '오픈 이노베이션' 발전을 위해 하고 싶은 말

대한민국의 오픈 이노베이션이 지속적으로 발전하기 위해서는 다양성, 개방성, 기술성, 성장성, 참신성이라는 핵심 요소들을 강화해야 한다. 특히 외부 아이디어와 기술을 수용하는 능력을 확대하고, 다양한 배경을 가진 국내외 인재들과의 협업을 촉진하는 인프라를 구축하는 것이 중요하다. 오픈 이노베이션은 단기 성과에 그치지 않고, 장기적으로 지속 가능한 혁신과 시장성을 고려해 추진해야 하며, 이를 위해 정부와 기업, 학계가 긴밀히 협력할 필요가 있다. 또한, 글로벌 생태계와의 연결성을 강화해 대한민국의 스타트업들이 더 큰 무대로 나아갈 수 있도록 지원해야 한다.

Q5. 대한민국 스타트업 구성원에게 하고 싶은 말

대한민국의 스타트업 구성원들에게는 글로벌 시장 진출을 목표로 도전 의식을 가질 것을 권한다. 국내 시장에 머무르지 말고 다양성, 개방성, 기술성, 성장성, 참신성의 관점에서 스스로의 위치를 점검하며 지속적인 혁신과 성장을 이루어야 한다. 다양한 협력 기회를 적극적으로 모색하고 글로벌 관점에서 혁신을 추진해야 한다. 나 또한 중국 스타트업과 협력해 빅데이터 분석 분야에서 글로벌 리더로 자리 잡는 데 기여한 경험이 있다. 글로벌 관점에서 혁신을 추구할 때 더욱 큰 성과를 거둘 수 있을 것이다.

최크리 대표는 컴퓨터 공학과 기술 경영을 전공한 대한민국을 대표하는 기술 혁신 분야의 여성 리더로, Microsoft, IBM, 삼성전자 등 다양한 기업에서 28년 간 글로벌 M&A, 전략/IT 컨설팅, 마케팅 혁신 등을 주도하며 탁월한 성과를 이끌어낸 경험을 보유하고 있다.

6- 전문가 인터뷰 6

[벤처캐피탈]

ANDIS 파트너스
김한중 전무(공동설립자)

Q1. 귀하께서 생각하시는 '오픈 이노베이션'이란?

오픈 이노베이션은 중견 기업이 필요한 신기술을 외부 스타트업이나 연구소와 협력하여 산업 현장에서 실증하고 적용하는 혁신적 방식으로, 양측 모두에 성장의 기회를 제공하는 상생 모델이다. 협력 과정에서 기술적 약점을 파악하고 개선함으로써 기술의 산업 적용력을 강화하고, 이를 통해 신제품이나 서비스의 완성도를 높이며 사업 적용 검증 사례를 만들어 잠재 고객의 우려를 해소할 수 있다. 이러한 국내 실증을 기반으로 스타트업은 해외 시장에서 확장성과 진입 가능성을 한층 강화하게 된다. 오픈 이노베이션은 이와 같은 과정을 통해 기업과 스타트업이 협력하여 함께 성장하는 혁신 생태계를 구축한다.

Q2. 본인이 생각하시는 오픈 이노베이션의 핵심 성공 요인 하나와 그 이유는?

오픈 이노베이션의 성공을 위해 가장 중요한 요소는 수요 기업의 적극적인 협력 의지다. 많은 기업이 외부 기술에 대해 보수적이고 냉정한 태도를 보이며, 내부적으로 협력에 참여할 적합한 부서를 찾는 데도 어려움을 겪는 경우가 많다. 특히 오픈 이노베이션 전담 부서가 없는 일부 대기업이나 중견기업은 조직 내에서 혁신을 주도할 핵심 역할이 부족할 수 있다.

이러한 상황에서 벤처캐피털(VC)은 수요 기업의 협력의지를 높이는 데 촉매제 역할을 할 수 있다. 벤처캐피털은 스타트업보다 기업 경영진이나 주요 주주와의 연결에 강점을 지닌 광범위한 네트워크를 보유하고 있다. 이러한 인적 네트워크를 활용해, 협업 대상 기업이 스타트업의 기술을 열린 자세로 검토하도록 지원함으로써 협력의 성공 가능성을 높일 수 있다.

Q3. 벤처캐피털 경영진으로서 대기업 및 스타트업 관계자에게 하고 싶은 말

현재 국내 스타트업들은 투자 혹한기를 지나며 투자 유치가 어려운 상황에 놓여 있다. 2024년 상반기 초기 창업 3년 미만 기업에 대한 벤처투자가 전년 동기 대비 약 20% 감소한 것으로 나타났다. 이러한 상황에서 제조업 기반의 강력한 산업 환경을 갖춘 국내에서는 스타트업에게 제공할 수 있는 좋은 기회가 바로 오픈 이노베이션이다. 기업 내 엔지니어들이 새로운 기술에 대해 소극적인 입장을 취하거나 기존의 경쟁 기술에 집중하는 경우가 많기 때문에, 혁신적인 돌파구와 사업 전환을 가져오는 아이디어는 외부에서 도입하는 편이 더 효과적일 수 있다.

스타트업에게 조언하고 싶은 점은 대기업 레퍼런스에만 의존하지 말고, 벤처캐피털과 다양한 네트워크를 적극적으로 활용하라는 것이다. CVC를 포함해 자신의 기술을 적용할 기업을 폭넓게 탐색하고 협력 기회를 모색해야 한다. 때로는 중견 기업이 투자자나 파트너가 될 수도 있다. 이러한 네트워크를 통해 스타트업은 새로운 기회를 찾아내고 시장을 확장해나갈 수 있다.

Q4. 스타트업 투자를 진행하며 어려웠던 점이나 극복방법은?

벤처캐피털(VC)로서 가장 큰 어려움 중 하나는 투자자(LP, Limited Partner)를 유치하는 일이다. 이는 피할 수 없는 현실이지만, 동시에 투자의 확신을 줄 수 있는 스타트업을 선별하는 안목 또한 중요하고 어려운 과제이다. 특히 새로운 기술이나 독보적인 사업 영역을 가진 스타트업이라 하더라도 향후 확장 가능성을 평가하는 일은 쉽지 않다. 이러한 경우 오픈 이노베이션의 사례와 해당 스타트업의 시장 가능성을 확인하는 것이 투자 판단에 큰 도움이 된다. 또한 스타트업 중에는 금융 지식이 부족해 CFO가 없는 경우가 많다. 이로 인해 사업 모델 구축, 회계 처리, 펀딩 전략에서 어려움을 겪기도 한다. 이럴 때는 창업자를 존중하면서도 효과적으로 소통하고, 필요한 조언과 자원을 제공해 사업이 성장할 수 있도록 지원한다.

Q5. 대한민국 '오픈 이노베이션' 발전을 위해 하고 싶은 말

많은 대기업이 오픈 이노베이션 프로그램을 운영하며 스타트업을 발굴하고 있지만, 프로그램에서 수상했음에도 불구하고 실제 해당기업의 본 사업으로 이어지지 않는 경우가 많다. 물론 스타트업에게 수상 경력은 좋은 레퍼런스가 될 수 있지만, 오픈 이노베이션의 목표는 단순한 인정에 그치지 않고, 실질적인 사업 추진과 성과 창출로 연결되는 것이다. 앞으로 대기업들이 오픈 이노베이션을 통해 더 적극적으로 혁신을 이루고, 스타트업과 함께 실질적인 성과를 만들어내는 문화가 확산되길 기대한다.

김한중 전무는 앤디스파트너스(벤처캐피탈)의 창립자(Co-Founder)이며, 공학도이면서도 한국, 홍콩, 일본의 글로벌 투자은행과 금융 서비스 기관에서 20년 이상 근무한 이력을 가지고 있다.

/

[학계]

UC 산타바바라 기술경영학과 강석헌 교수

Q1. 귀하께서 생각하시는 '오픈 이노베이션'이란 무엇인가?

오픈 이노베이션이란 조직이 기존 경계를 넘어 외부의 지식과 자원을 적극적으로 수용하고 이를 내부 지식과 결합하여 혁신을 촉진하는 전략이다. 이는 특히 빠르게 변화하는 기술 환경에서 경쟁력을 유지하고자 할 때 매우 유용하며, 조직의 지속 가능한 성장을 가능하게 하는 중요한 방안이다.

미국에서 오픈 이노베이션은 연구소, 대학, 스타트업과의 협업을 통해 혁신 속도를 높이고, 신기술을 더 빠르게 상용화할 수 있도록 도와준다. 이러한 전략을 통해 내부와 외부 자원을 효과적으로 융합하여 혁신을 가속화하는 동시에, 조직이 갖추지 못한 기술적 우위를 강화할 수 있다.

Q2. 본인이 생각하시는 오픈 이노베이션의 성공 요인과 그 이유는 무엇인가?

오픈 이노베이션은 실행 자체는 비교적 용이하나, 성공적으로 운영하는 것은 쉽지 않은 전략이다. 개념적으로는 매력적이나, 그 성공 여부를 명확히 측정하기 어렵고, 조직이 오직 오픈 이노베이션만으로 성공을 이루는 경우는 드물다.

미국에서 성공적인 오픈 이노베이션을 위해서는 초기 단계에서 파트너십을 효과적으로 구축하는 것이 매우 중요하다. 또한, 지적 재산권 관리 체계를 체계화하여 협력 시 발생할 수 있는 법적 리스크를 줄이는 것이 필요하다.

마지막으로, 외부 지식을 내부에서 효율적으로 수용할 수 있는 혁신 역량을 확보하는 것이 성공의 핵심이다. 이러한 요소들이 뒷받침될 때, 오픈 이노베이션이 조직 내에서 실질적인 가치를 창출할 수 있다.

Q3. 미국 대학 교수로서 오픈 이노베이션의 성공을 위해 교육계가 나아가야 할 방향은 무엇인가?

오픈 이노베이션이 성공하려면 교육계, 특히 대학과 기업 간의 파트너십이 강화되어야 한다. 미국의 경우, 대학원과 기업 간 협력 관계가 상당히 발전되어 있어, 실제 프로젝트를 통해 학생들이 현장 경험을 쌓을 수 있는 기회를 제공하고 있다. 이러한 파트너십이 교육과정으로 잘 통합될 경우, 학생들은 혁신 역량을 키울 수 있으며, 기업은 최신 연구 성과를 활용해 경쟁력을 강화할 수 있다.

이를 위해 대학은 교육 과정 내에 산업과의 연계 기회를 증대시키고, 기업은 대학과의 협력을 통해 필요한 인재를 직접 양성하고 선발할 수 있는 기회를 갖게 될 것이다.

강석헌 교수는 국내에서 스타트업 창업과 엑셀러레이터 활동, 그리고 삼성전자에서 사업개발 업무를 수행한 경험을 가지고 있다. 이후 USC와 런던비즈니스스쿨에서 석사 및 박사학위를 취득했으며, 현재 UC 산타바바라에서 기업 혁신과 기업가 정신을 강의하고 있다.

오픈 이노베이션 플라이휠, 혁신의 여정을 시작하라

오픈 이노베이션은 더 이상 선택이 아닌 필수다. 급변하는 기술 환경과 시장의 변화 속에서 기업이 지속 가능한 혁신과 성장을 이루기 위해서는 내부 자원에만 의존할 수 없다. 이 책에서 다양한 사례를 통해 확인했듯 오픈 이노베이션은 대기업과 스타트업, 지원기관이 협력하여 함께 발전할 수 있는 강력한 전략이다. 하지만 단발적인 성공에 머무르지 않고 지속직으로 성과를 만들어내기 위해서는 이를 가속화하는 동력, 즉 '오픈 이노베이션 플라이휠'이 필요하다.

오픈 이노베이션의 시작은 명확한 비전과 목표를 설정하는데 있다. 모든 참여자가 같은 방향을 바라보며 협력할 수 있는 목표는 협력의 출발점이자 성공의 토대다. 목표가 명확할수록 각자의 역할과 기여가 명확해지고 협력의 가치는 더욱 커진다. 이와 함께 투명하고 수평적인 소통이 이루어진다면 신뢰와 공감이 형성되고 협력 과정에서 발생하는 장애물도 신속하게 해결될 수 있다. 소통은 단순한 정보 교환을 넘어 협력의 촉진제이자 혁신의 동력으로 작용한다.

정부와 지원기관의 역할도 플라이휠의 가동을 돕는 중요한 요소다. 자금 지원, 규제 완화, 공정한 협력 환경 조성은 혁신의 기반을 다지는데 필수적이다. 특히 스타트업이 공정한 경쟁을 통해 성장할 수 있도록 지원하고, 대기업과의 협력에서 상생할 수 있는 환경을 조성하는 것은 정부와 지원기관의 중요한 책무다. 이러한 지원은 단기적인 성공을 넘어 오픈 이노베이션 생태계의 지속 가능성을 확보하는 데 기여한다.

협력의 성공은 강력한 네트워크를 기반으로 한다. 대기업과 스타트업, 연구기관, 정부 간의 연결 고리는 협력의 다리를 이어주며, 혁신의 가능성을 현실로 바꾸는 역할을 한다. 이러한 네트워크는 국내를 넘어 글로벌 협력으로 확장되어야 한다. 글로벌 시장에서의 경쟁력 확보는 오픈 이노베이션의 궁극적인 목표 중 하나이며, 이를 통해 기업과 스타트업은 더 큰 성장 기회를 포착할 수 있다.

또한 모든 참여자가 혁신과 협업 역량을 강화하는 데 힘써야 한다. 대기업은 스타트업의 민첩성과 혁신성을 배우고, 스타트업은 대기업의 자원과 네트워크를 활용하는 방법을 익혀야 한다. 이러한 상호 보완적 관계는 협력을 단순한 프로젝트 수준에서 벗어나 장기적인 성장과 발전으로 이어지게 한다. 혁신은 국경을 초월하며, 글로벌 시장으로의 확장은 오픈 이노베이션이 가져올 수 있는 또 다른 큰 기회다.

오픈 이노베이션 플라이휠은 한 번 회전하기 시작하면 점점 더 빠르고 강력하게 작동하며, 지속적인 성과를 만들어낸다. 그러나 이 플라이휠은 저절로 돌아가는 것이 아니다. 명확한 비전, 투명한 소통, 강력한 네트워크, 글로벌 확장 그리고 정부의 지원이 유기적으로 연결되어야만 지속적으로 가동될 수 있다.

이제 중요한 질문은 "플라이휠을 돌릴 준비가 되었는가?"이다. 기업과 스타트업, 정부와 지원기관이 함께 협력하여 이 플라이휠을 가동하기 시작한다면, 대한민국은 단순히 변화에 적응하는 것을 넘어 변화를 주도하고 새로운 미래를 설계할 수 있을 것이다. 이 책이 그 첫걸음에 작은 영감을 제공하기를 바란다. 오픈 이노베이션 플라이휠이 돌기 시작할 때, 혁신의 여정은 멈추지 않을 것이다.

[오픈 이노베이션 플라이 휠]

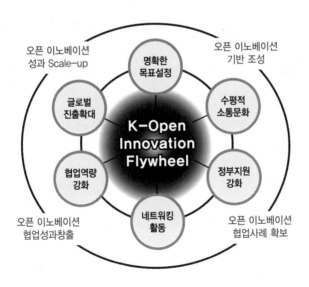

가. 주요 대기업 오픈 이노베이션 사이트

기업명	홈페이지명	사이트 주소
삼성전자	Samsung C-Lab	https://samsungclab.com
LG그룹	SUPERSTART	https://www.lgsuperstart.com
현대자동차	ZER01NE	https://zer01ne.zone
SK텔레콤	True Innovation	https://www.true-inno.com
한화그룹	DREAM PLUS	https://www.dreamplus.asia
신한금융	S2 Bridge	https://s2bridge.com
IBK	IBK 창공	https://www.ibkchanggong.com
KB	Innovation HUB	https://kbinnovationhub.com

나. 정기적으로 개최되는 주요 전시회

행사명	주최 및 주관기관	개최시기
넥스트라이즈 (NextRise)	산업은행, 무역협회	4~6월
컴업 (COMEUP)	중소벤처기업부, 창업진흥원, 컴업 조직위원회	11~12월
월드IT쇼 (WIS)	과학기술정보통신부, 무역협회, 한국경제신문, 전자신문 등	4~6월
월드스마트시티엑스포(WSCE)	국토교통부, 과학기술정보통신부	9~10월
트라이 에브리씽	서울특별시, 매일경제, 서울경제진흥원 등	9~10월
스타트업 창업가박람회(SUFF)	비즈니스캔버스 등	1~2월
AI EXPO KOREA	(사)인공지능협회, Seoul MESSE, 인공지능신문	5~6월

다. 국내에서 개최되는 대표적인 스타트업 데모데이

행사명	운영기관	개최시기
IBK 창공 데모데이	IBK	상하반기
LG SUPER START	LG그룹	11~12월
KDB NextOne	산업은행	수시
C랩 데모데이	삼성전자	비정기
블루포인트 데모데이	블루포인트	10~11월
스파크랩 데모데이	스파크랩	상하반기
프라이머 데모데이	프라이머	상하반기

라. 스타트업 및 오픈 이노베이션 용어정리

• ARPU(가입자당 평균매출, Average Revenue Per User): 서비스 가입자당 평균적으로 발생하는 수익. 사업 성장성과 수익성을 평가할 때 주로 활용함

• R 덱(Investor Relations Deck): 투자자들에게 기업의 사업 현황을 설명하기 위한 자료

• MVP(Minimum Viable Product): 최소한의 기능을 갖춘 초기 제품으로, 시장 반응을 테스트하기 위해 이용함

• RCPS(상환전환우선주, Redeemable Convertible Preferred Stock) 투자: 투자자가 일정 조건에 따라 주식을 상환하거나 보통주로 전환할 수 있는 권리를 가지는 투자 방식

• RoI(Return on Investment): 투자에 대한 수익률을 나타내는 지표로, 투자수익 측정에 활용

• SaaS(Software as a Service): 소프트웨어를 구독 형태로 제공하는 서비스 모델

• STP(Segmentation, Targeting, Positioning): 시장을 세분화하고 타겟을 선정하여 포지셔닝하는 마케팅 전략

• TAM SAM SOM: 총 잠재 시장(TAM), 사용 가능 시장(SAM), 실질적 시장(SOM)을 나타내는 용어

- 고객 획득 비용(Customer Acquisition Cost, CAC): 고객 한명을 획득하는 데 드는 비용
- 고객 생애 가치(Customer Lifetime Value, LTV): 한 명의 고객이 기업과 관계를 유지하는 전체 기간 동안 발생시키는 총 수익
- 그로스 해킹(Growth Hacking): 데이터 분석과 창의적인 마케팅 기법으로 성장을 추구하는 전략
- 공개 API(Open API): 모든 개발자가 이용가능 하도록 공개된 응용 프로그램 인터페이스
- 기술 스카우팅(Technology Scouting): 외부에서 혁신적인 기술을 발굴하는 활동
- 기술 이전(Technology Transfer): 한 조직에서 다른 조직으로 기술을 이전하는 것
- 데스밸리(Death Valley): 스타트업이 초기 자금 고갈로 인해 성장에 어려움을 겪는 시기
- 데카콘(Decacorn): 기업 가치가 100억 달러 이상인 스타트업
- 딜소싱(Deal Sourcing)/ 딜 스카우팅(Deal Scouting): 투자자들이 투자 가능한 스타트업 및 프로젝트를 탐색하고 발견하는 과정
- 딥 테크(Deep Tech): 획기적인 과학과 공학에 기반한 기술로, 인공지능, 생명공학, 양자 컴퓨팅, 나노기술, 로봇공학처럼 산업전반에 영향력이 큰 기술
- 레퍼럴 마케팅(Referral Marketing): 기존 고객이 자발적으로 주변 사람들에게 제품이나 서비스를 추천하도록 유도하는 마케팅 방식
- 린 스타트업(Lean Startup): 최소 자원으로 빠르게 제품을 개발하고, 시장에서의 반응을 통해 지속적으로 개선하는 스타트업 사업방식
- 마일스톤(Milestone): 프로젝트 진행 중 중요한 목표나 단계를 설정해 발전 상황을 측정하는 지표
- 바이럴마케팅(Viral Marketing): 소셜 미디어를 통해 빠르게 퍼지는 마케팅 전략
- 밸류체인(Value Chain): 서비스가 고객에게 전달되는 과정에서 부가가치가 창출되는 일련의 활동

- 밸류에이션(Valuation): 투자자들이 기업의 현재 가치를 평가하는 것
- 벤처 캐피털(Venture Capital): 고위험, 고수익을 기대하며 스타트업에 자금을 투자하는 회사
- 블랙스완(Black Swan): 기존의 관찰과 경험으로는 예측할 수 없어 대비하기 어려운 리스크
- 부트스트래핑(Bootstrapping): 외부 자금조달 없이 창업자가 회사를 창업하고 비용사용을 최소화하는 스타트업의 생존전략식
- 번 레이트/캐시 번(Burn Rate, Cash Brun): 스타트업이 매달 소진하는 자금의 속도와 매달 소진되는 금액
- 비즈니스 모델(Business Model): 기업이 고객에게 가치를 제공하고 수익을 창출하는 방식
- 사내 벤처(Corporate Venture): 대기업 내부에서 스타트업처럼 독립적으로 운영되는 조직
- 스케일업(Scale-up): 성공적으로 비즈니스를 확장하여 수익, 고객 기반, 조직 규모 등을 크게 성장시키는 단계
- 스톡옵션 풀(Stock Option Pool): 스타트업이 직원들에게 회사의 주식을 일정 가격에 구매할 수 있는 권리를 부여하기 위해 미리 설정해 놓은 주식의 비율 또는 할당량
- 스핀오프(Spin-Off): 기존 회사의 일부 부서를 분리하여 새로운 회사로 설립하는 것
- 시드 머니(Seed Money): 초기 스타트업이 사업을 시작하기 위해 받는 첫 번째 자금
- 시리즈 A/B/C 라운드(Series A/B/C Round): 각각의 자금 유치 단계로, 초기 (시리즈 A), 성장(시리즈 B), 확장(시리즈 C) 단계
- 스텔스 창업(Stealth Mode): 초기 단계에서 경쟁사의 주목을 피하고자 제품 또는 서비스를 비밀리에 개발하는 방식 또는 잠재적 창업자가 재직 중에 회사 몰

래 창업하는 방식

- 앤젤 투자자(Angel Investor): 초기 스타트업에 자금을 투자하는 개인 투자자
- 애프터마켓(Aftermarket): 제품이 출시된 후 유지 보수 및 부가 서비스 시장
- 엑셀러레이터(Accelerator): 초기 스타트업을 대상으로 단기간에 집중적인 멘토링, 자금 지원, 네트워킹 등을 제공하여 빠른 성장을 돕는 기업
- 오픈 소스(Open Source): 소프트웨어의 소스 코드를 공개하여 누구나 사용할 수 있도록 한 것
- 오픈 이노베이션(Open Innovation): 기업이 내부 자원뿐만 아니라 외부의 아이디어와 기술을 적극 활용해 혁신을 이루는 경영 전략
- 임팩트 투자(Impact Investing): 재무적 수익뿐 아니라 사회적, 환경적 영향도 고려하여 이루어지는 투자
- 유니콘(Unicorn): 기업 가치가 10억 달러 이상인 스타트업
- 엑시트(Exit): 투자자나 창업자가 기업 지분을 매각하여 투자금을 회수하는 것
- 인큐베이터(Incubator): 스타트업을 발굴하고 성장시키기 위해 사무 공간, 멘토링, 네트워크 등의 자원을 지원하는 프로그램이나 조직
- 적정기술(Appropriate Technology): 특정 지역의 사회적, 경제적, 환경적 조건에 맞춰 설계된 저비용, 고효율의 기술
- 전환율(Conversion Rate): 웹사이트 방문자, 앱 사용자, 또는 마케팅 캠페인 참여자 중에서 실제로 구매, 회원가입, 문의 등 목표 행동을 완료한 사람의 비율
- 지적 재산권(Intellectual Property): 특허, 저작권 등 법적으로 보호받는 창의적 결과물
- 하이브리드 창업(Hybrid Entrepreneurship): 기존 직업을 유지하면서 창업을 병행하는 방식
- 합작 투자(Joint Venture): 두 개 이상의 기업이 공동으로 새로운 사업을 시작하는 것
- 해커톤(Hackathon): 개발자들이 모여 일정 시간 동안 집중적으로 개발 프로젝

트를 수행하는 행사

- 캡 테이블(Cap Table): 회사의 주식 구조와 소유권을 한눈에 보여주는 표로, 주주들이 보유한 지분과 주식 유형, 주식 수, 지분율 등을 상세히 기록한 문서
- 캐즘(Chasm): 신기술 제품이 초기 시장에서 주류 시장으로 넘어가기 전의 큰 장벽
- 코파운더(Co-founder): 공동 창업자. 스타트업을 함께 설립한 사람
- 코크리에이션(Co-creation): 외부와 협력하여 제품이나 서비스를 공동으로 개발하는 것
- 컴퍼니 빌딩(Company Building): 컴퍼니 빌더가 사업모델 개발, 인재 채용, 제품 개발, 사업 확장까지 전 과정을 직접 주도하며 회사를 체계적으로 성장시키는 방식
- 크라우드소싱(Crowdsourcing): 다수의 외부 인력을 활용해 아이디어나 해결책을 얻는 것
- 펀딩 라운드(Funding Round): 스타트업이 자금을 유치하는 단계. 시드, 시리즈 A, B, C 등으로 구분됨
- 프리 IPO(Pre-IPO): 기업이 주식 상장을 준비하기 전 단계에서 받는 투자
- 피드백 루프(Feedback Loop): 제품이나 서비스에 대한 사용자 피드백을 빠르게 수집하고 이를 개선에 반영하는 반복 과정
- 피치(Pitch): 투자자에게 사업 아이디어와 시장 기회, 수익 모델 등을 설명하고 자금을 유치하기 위한 프레젠테이션

참고문헌

Henry William Chesbrough.(2003). Open Innovation. Harvard Business School Press

이주열 · 최성안 · 송종화. (2024). 실패하는 VS 성공하는 기업 그 결정적 차이 오픈 이노베이션. 광문각

김준학 · 박재환. (2022). "창업생태계 조성을 통한 도시재생 사례연구: 관악S밸리의 성공요인을 중심으로." 사회적기업연구

김정호 · 박현성. (2022). "개방형 혁신의 성공을 이끄는 혁신중개자의 역할과 기능." 한국콘텐츠학회논문지

딜로이트.(2022). "오픈 이노베이션과 CVC를 통한 혁신성장 전략"

무역협회. (2022). "글로벌 대기업과 스타트업의 오픈 이노베이션 현황 및 시사점"

LG 주간경제. (2007). "사례를 통해 본 오픈 이노베이션"

Luminary Labs. (2023). "State of Open Innovation 2023"

PwC(2024) 27th Annual Global CEO Survey

The Economist Group. (2022). "The Open Innovation Barometer"

500Startups · INSEAD Business School.(2016). "How do the world's biggest companies deal with the startup revolution"

Viswanath, S., Khanna, V., & Liang, Y. (2023). A Data-Driven Look at the Rise of AI. Coatue.

김예원. (2023). "작년 벤처 · 스타트업 청년 · 여성 고용 활발…'K-콘텐츠 효과'." 뉴스1. https://www.news1.kr/industry/sb-founded/4991474

박지은. (2024) "작년 한국경제성장률 IMF 이후 처음으로 일본에 뒤처졌다?". NEWSTOF

https://www.newstof.com/news/articleView.html?idxno=22111

차대운. (2024). "아시아 최대 스타트업 전시회 '넥스트라이즈 2024'개막". 연합뉴
스

https://www.yna.co.kr/view/AKR20240613090800003

세상 모든 지식과 경험은 책이 될 수 있습니다.
책은 가장 좋은 기록 매체이자 정보의 가치를 높이는 효과적인 도구입니다.

갈라북스는 다양한 생각과 정보가 담긴 여러분의 소중한 원고와 아이디어를 기다립니다.

– 출간 분야: 경제 · 경영/ 인문 · 사회 / 자기계발
– 원고 접수: galabooks@naver.com